极值理论及其在沪深股市风险度量中的应用研究

花佣军 著

科学出版社

北京

内 容 简 介

　　极值理论是统计学的主流分支，专以随机分布厚尾为研究对象。将其引入到金融风险领域不仅迎合了现代金融对极端风险极其关注的原则，而且还可弥补目前国际上最主要的风险度量工具 VaR 的不足。本书详述了极值理论的原理及方法，探讨了其在金融风险领域应用中的若干亟待解决的问题，并对我国沪深股票市场的极端风险进行了测度分析。

　　在当前金融体系脆弱性日益严重的情况下，极值理论为金融风险管理提供了崭新视角与重要工具，对处于转型期的我国金融业更是具有重大现实意义。本书旨在为金融市场投资者和监管者防范抵御极端风险提供理论与方法支持。本书主要面向金融风险专业管理及研究人员，也面向具有一定专业知识基础的读者。

图书在版编目（CIP）数据

极值理论及其在沪深股市风险度量中的应用研究 / 花拥军著 . —北京：
科学出版社，2011

　　ISBN　978-7-03-031576-2

　　Ⅰ.①极…　Ⅱ.①花…　Ⅲ.①股票投资 – 投资风险 – 研究 – 中国
Ⅳ.①F832.51

　　中国版本图书馆 CIP 数据核字（2011）第 113474 号

责任编辑：林　剑 / 责任校对：张怡君

责任印制：徐晓晨 / 封面设计：无极书装

科学出版社 出版
北京东黄城根北街 16 号
邮政编码：100717
http://www.sciencep.com

北京教图印刷有限公司 印刷

科学出版社发行　各地新华书店经销

*

2011 年 6 月第　一　版　　开本：B5（720 × 1000）
2017 年 4 月第二次印刷　　印张：10 1/2
字数：200 000

定价：98.00 元
（如有印装质量问题，我社负责调换）

前　　言

金融体系具有内在的脆弱性（financial fragility）。近些年来，这种内在的脆弱性非但没有随着金融业的迅速发展而有所削弱，反而在一些新兴的、甚至是成熟的市场经济体中表现日益严重，导致金融危机频繁爆发。而金融危机显著的系统性（systematicness）则进一步引起危机在区域性或世界性范围内的蔓延，加剧了金融危机影响的广度与深度，对经济体系造成严重的打击。爆发于2007 年并至今仍在肆虐世界经济的美国次级住房抵押贷款危机（subprime mortgage crisis）就是一个典型的事例。

鉴于金融风险内源性及其影响的系统性，对于一个经济主体来说，如何抵御、防范及化解金融风险无疑具有非常重大的意义。而有效抵御、防范与化解金融风险的基础正在于对金融风险的准确度量，这也一直是金融理论研究中的一个非常重要的课题。

目前，国际上度量风险的最主要工具是在险价值（value at risk，VaR），其实质是通过对资产收益率分布的估计，刻画一定置信水平下资产在未来一段时期内可能遭受到的最大可能损失。VaR 以损益额衡量风险，通过置信水平概念将预期损失与该损失发生概率结合起来，并可直接测算出投资组合的风险值。然而与其他类型的资产不同，实际中大多数金融资产收益率序列具有显著的厚尾特征。这意味着 VaR 在度量金融风险时，存在资产收益率正态性假设的瑕疵，即对极值事件（rare event）考虑不足，导致极端风险（extreme risk）被严重低估。

极值事件发生的概率虽然很低，但其引发的极端风险却损害巨大，有时甚至是灾难性的。故对金融风险管理者来说，极值事件尤为值得关注。Philippe 等（2000）也曾指出，金融领域中关心的就是这些极端风险，首先要控制的也是这些极端风险。近些年，国际金融业监管部门也一直在试图制定一些规则以避免金融机构暴露在这些极端风险面前。

极值理论（extreme value theory，EVT）是研究随机过程的极值分布及其特征的模型技术，对随机过程中的厚尾现象具有突出的针对性，并可在总体分布未知情况下，依靠样本数据外推得到总体极值的变化性质，克服了传统统计方法不能超越样本数据进行分析的局限。将极值理论应用到金融风险管理领域可以弥补 VaR 对极值事件关注的不足，有利于更精确地度量金融极端风险。

另外，我国正处在经济转型期，虽已初步建立起以国有商业银行为主体的商业性金融体系，但金融体制的市场改革依然远远滞后于其他经济部门，整体行业受政策影响较大，市场运行机制经常发生变化，金融体系风险非但没有降低，反而不断提高，金融市场动荡加剧。作为市场经济晴雨表的沪深股票市场频频的巨幅涨跌即清楚地表明金融体系的震荡状况。故对处于经济转型期的我国金融业来说，利用极值理论研究金融市场极端风险度量无疑更具有针对性与非常重要的现实意义。

本书基于极值理论研究金融极端风险的度量问题，并在相关研究结论基础上对我国沪深股票市场的极端风险进行实证分析。

本书主要研究内容有：极值渐近分布的类型及性质；极值模型（区间极大值模型和阈值模型）及其在 VaR 中的引入；金融时间序列相关性对极值模型的影响及其减消处置；极值模型的回测技术选择与验证标准。特别是，在区间极大值模型中充分地考虑了子区间极值一般极限分布与极值序列极限分布之间的关系，推算了受子区间长度影响的极值 VaR；在阈值模型中运用参数估计量稳定性法弥补了目前普遍采用的样本平均超出量函数法的不足，针对一些图解法无法适用的问题，实现了峰度法对阈值的定量选取，并对指数回归模型法、子样本自助法、序贯法等定量法进行分析探讨。

本书以我国沪深股票市场为研究对象，考虑到沪深股市现实行涨跌停板制度（raising limit），分段选取沪深股市基准日至 1996 年 12 月 26 日，以及 1996 年 12 月 26 日至 2008 年 3 月 12 日之间的综合指数收益率为样本数据，测度并比较分析涨跌停板制度前后沪深股市的极端风险。在实证分析中，尤其重点考察涨跌停板制度对沪深股市收益率序列尾分布的影响，即涨跌停板制度对极值数据异质性的抑制作用，以及由此导致的极值模型的测度效果和极值风险有效指标。

本书基于极值理论研究金融极端风险的度量，学术与实践意义在于为金融市场投资者、市场监管者防范与抵御金融极端风险提供理论与方法支持。

目　　录

1 绪　　论

1.1 问题提出及研究意义

1.1.1 问题提出

自 20 世纪 80 年代以来，信息技术的飞速发展与自由化政策有力地推动了金融全球化，金融资产结构日益多样化，金融业的发展空间得到极大地拓展。20 世纪 90 年代兴起的金融衍生工具，又实现了风险由金融市场内部向外部资本市场与货币市场的转移，为金融机构进行积极主动的资产组合风险管理奠定了坚实的技术基础。

然而，金融全球化发展也加剧了金融业间的竞争，衍生工具的不断创新也使逆向选择（adverse selection）和道德风险（moral hazard）[①] 这两大金融难题以新的更复杂的形式出现。同时，受公司结构性倒闭的增加、脱媒现象[②]的日益严重及与实体经济发展失衡等因素的影响，金融体系内在的脆弱性[③]非但没有随着金融业的迅速发展而有所削弱，反而在一些新兴的，甚至是发达的市场

[①]　在金融市场上，逆向选择是指市场上那些最有可能造成不利结果的融资者，往往就是那些寻求资金最积极而且最有可能得到资金的人。道德风险则是指在契约签订之后，由于信息不对称，契约的一方通过采取对自己有利又不至于被发现的行动，使契约的另一方蒙受损失的行为。

[②]　金融脱媒指企业、个人等社会主体对资金的需要，不再以银行为中介，转而采取股票、私募基金、企业债券等直接融资方式。

[③]　有关金融体系的脆弱性可参见 Fisher（1933）的《债务通货紧缩论》、Minsky（1982）与 Kregel（1997）的《金融不稳定假说》等文献。

经济体中表现的越来越严重。2007 年爆发于美国，至今仍在肆虐世界经济的次贷危机即是一个典型的事例。巴曙松等（2008）从全球性经济与金融结构失衡角度解释此次危机爆发的原因，认为大量资本涌入金融市场导致金融部门与实体部门的严重失衡。李若谷等（2008）从衍生品市场的供求平衡方面进行分析，认为对高收益的次级债及其衍生品的需求，超过了次贷基础金融产品以及整个宏观环境所能支撑的供给能力。Stiglitz（2007）则从信息不对称角度阐述了在监管缺位情况下，金融机构存在提供虚假的信息动机和利益冲突、承担过量风险及欺诈性行为，导致次贷危机无可避免地发生。

金融体系不仅具有内在脆弱的固有属性，而且，金融体系的风险危机还具有显著的传导效应，即一个国家或地区的金融危机很可能引起区域性或国际性的金融体系及经济体系的紊乱、衰退，甚至是崩溃，这也称为金融危机的系统性（systematicness）。Stiglitz 等（1981）、Williamson 等（1998）学者从信息不对称、资产价格波动及金融自由化等方面解释金融风险具有很大的系统危害性。

回顾近 20 年来金融危机的爆发与影响，可看出现阶段的金融危机已呈现出新的性质与特征：

1）发生频率越趋频繁，地域范围越逾广泛。以往的经济危机周期性很明显，平均五年左右发生一次。而在 20 世纪 90 年代以后，危机发生的频率明显提高，尤其是金融危机在全世界频频发生。近 10 多年内，比较严重的金融危机发生 50 多次。伴随着发生频率越来越高的金融危机，危机的影响范围也从区域性发展到世界性。据统计，整个世界范围内超过半数的国家都发生过严重的金融危机，如北美洲的美国；拉丁美洲的墨西哥、巴西、阿根廷；东欧的匈牙利、波兰、捷克、乌克兰及苏联等；北欧的丹麦、瑞典、挪威芬兰等；亚洲的泰国、日本、韩国、印度尼西亚等。

2）灾难性后果越趋严重，危机具有较长的时期性。1980 ~ 1994 年的美国储蓄和贷款机构危机是具有典型的灾难性后果的事件，此次危机一共导致美国近三分之二的储蓄和贷款机构破产，此类机构在 1980 年共有 3993 个，而到 1996 年只剩 1334 个。一些金融危机还具有长时期性，至今还在一些国家持续，影响着这些国家的经济复苏与发展，如 20 世纪 90 年代发生的日本银行危机。至于目前还在延续的次贷危机，仅截至 2008 年 4 月，根据德国金融监管局公布的预测，次贷危机使全球各类金融机构最高损失高达约 6000 亿美元。而且，据美国摩根大通公司预测，次贷危机对全球金融市场结构及定价的影响还将持续 10 年以上。

鉴于金融体系内在的脆弱性及金融危机显著的系统性，保证金融体系的安全已成为各国经济发展的重中之重。对金融风险管理的认识也从以 Markowitz（1952）的均值 – 方差理论为代表的早期管理理论发展到如今的以全面风险管理理论（total risk management，TRM）为核心的现代风险管理理论。现代风险管理理论不仅关注各种金融风险，而且还关注这些风险所涉及的各种资产与资产组合以及承担这些风险的业务单位、机构整体及相关外部主体，并构建起防范、抵御与化解金融风险的有机体系。

有效地防范、抵御与化解金融风险依赖于对风险状况的准确度量，风险度量在风险管理系统中占据着核心与基础地位。

传统的金融风险度量方法主要是以波动性方法与灵敏度分析为代表。波动性方法建立在 Markowitz（1952）的均值 – 方差理论基础之上，包括 ARCH（autoregressive conditional heteroscedasticity）模型及其各种变化形式。灵敏度法包括针对不同种类金融资产的灵敏度分析，如针对债券等固定收益率金融产品的持效期（duration）与凸性（convexity），针对股票的 β 系数等。

传统的金融风险度量方法的局限性较为明显，波动性只是描述收益偏离的程度，而未能描述偏离的方向及损失的具体水平，其适用范围仅局限于市场风险，对不能盯市表现价格的金融资产无法直接测量方差。而灵敏度分析仅反映市场因子与价格之间的线性关系，忽略非市场因子的影响，不能反映期权类等非线性金融工具的情形，而且，其方法以市场因子微小的变化为前提，不能度量市场因子大幅度波动的状况。

近些年，随着科学技术的飞跃，许多自然科学的成果也逐步应用到风险度量中，为风险的准确度量奠定了坚实的技术基础，形成了以风险价值法（Value at Risk，VaR）及其衍生工具条件在险价值（conditional value at risk，

CVaR）为代表的现代金融风险度量方法。然而，VaR 本身仍然存在着一些理论上的不足，并且从方法渊源上看，VaR 只是一般风险度量方法移植到了金融风险度量之中，而在数据结构方面，金融风险与其他类型资产风险之间存在着本质的区别，这就造成 VaR 在度量金融风险时存在以下三个方面的问题：

1）VaR 资产收益率正态分布的理论假设相悖金融资产收益率大多为尖峰厚尾的偏态分布的实际情况，这种理论瑕疵意味着 VaR 在度量金融风险时，忽略了尾部（极值）事件，导致尾部极端风险的低估。

VaR 法建立在资产收益率为正态分布的理论假设基础上，通过对资产收益率分布的估计，刻画在一定置信度下，资产在未来一段时期所可能遭受到的最大可能损失（菲利普，2005）。与传统度量方法相比较，VaR 以资产损益金额为风险衡量指标，引入置信水平概念，将预期损失量与该损失发生的可能性结合起来，并可以直接测算出投资组合的风险值，从而为国际金融界普遍接受。然而，与其他资产收益率多为正态分布的状况不同的是，实际中大多数金融资产收益率序列具有厚尾特征（Koedij et al.，1990；Reiss et al.，2001）。厚尾意味着由极值事件引发的极端风险的真实值要比正态分布的大且发生更频繁。同样，VaR 的衍生工具 CVaR 也假设多个资产收益率序列或风险因子的联合分布服从多元正态分布，也存在同样的问题。

2）VaR 对极端事件的忽略也相悖金融风险管理中的极值风险尤值关注原则，而且，CVaR 未考虑极值事件之间的相依影响，简单地假设资产组合中的每一单个资产线性相关，导致评估结果与实际产生很大的偏差。

极值事件（rare event）指一些虽然发生概率很小，然而一旦发生却损害巨大，有时甚至是毁灭性的灾难事件。相对于极值事件的是在正常情况下发生的常规事件，常规风险虽然出现频率大但损失总额较小。例如，Embrechts 等（1997）在对保险业的索赔事件与索赔金额的统计中发现，占索赔事件总次数 20% 的那些索赔事件的索赔额的总和大约是公司历史索赔总额的 80%，有的公司甚至是 80% 以上。在现代风险管理技术水平下，常规风险可事先合理估计，并通过调整定价和提前做好相应的准备予以弥补，最终从收益中作为成本扣减，不构成真正意义上的风险。而极值事件却是无法预期的，一般属于非预期或异常风险范畴，一旦发生往往对金融机构造成致命的打击。故对金融风险领域的管理者来说，极值事件尤为值得关注。Philippe 等（2000）曾指出：金融领域关心的就是这些极端风险，首先要控制的也是这些极端风险。

VaR 对极值事件的忽略在数值上反映为其对极值风险低估的问题，而实质上则反映了其违背了极端风险在金融风险管理中的首要性原则。另外，作为 VaR 衍生工具的 CVaR 虽然满足次可加性（sub-additive）、正齐次性（positive homogeneous）、单调性（monotone）及变换的不变性（shift invariance），是一致性的风险度量（Acerbi et al.，2002），然而，CVaR 仍然建立在多元正态分布及组合资产线性相关的假设之上。特别是当极值事件发生时，市场处于非正常状况，金融资产交易不确定性猛增，资产价格关联性被破坏，资产流动性丧失，这时在正态分布和线性相关假设下计算的资产组合 CVaR 与实际偏差更大。

3）VaR 不能超越历史数据进行预测，作为其补充手段的压力测试（Stress Testing）也存在主观性较大的缺陷。而且，由于压力测试也不能估计极值事件发生的概率，导致测试结果很难得到适当的处置。

VaR 只是基于近期历史数据进行风险预测，往往不能识别那些可能引起巨大亏损的情形，对未来的预测不能超越已有的历史记录，而在实际中往往会发生超过历史记录的新的风险事件。压力测试的目标即是寻找出异常的情景，并模拟异常情景发生时的风险状况，以弥补 VaR 不能超越历史数据进行预测的缺陷。然而，压力测试具有高度主观性，如合并压力的最主要方法就是从带有权重（$1-\pi$）的普通分布和带有权重 π 的压力测试损失的组合中构建一个新的概率分布，这个权重就是主观赋予的。另外，压力测试一般是基于已有的历史数据或对未来极端情形的估计，此时估计极值情形发生的概率将是非常艰难的事情，这使得风险管理者面对压力测试结果很难采取适当的处置措施。

基于以上所阐述的 VaR 在金融风险度量中存在的理论上的不足，以及极值事件在金融风险管理中的重要性，如何度量极值事件引发的极端风险也就成为金融风险管理中亟待解决的重大问题。

极值理论（extreme value theory，EVT）是研究随机过程产生的极值分布及其特征的模型技术，意义在于可评估极值事件导致的可能结果。正态分布理论对概率分布函数的中间部位，即对正常的、温和的波动具有较好的预测能力，但对极值事件导致的波动提供的信息极为有限，极值理论恰恰弥补了这一重大缺陷，对正态分布理论进行了良好的补充。而且极值理论可以在总体分布未知的情况下，依靠样本数据外推得到总体极值的变化性质，克服了传统统计方法不能超越样本数据进行分析的局限性。

另外，我国股票市场还不成熟，受各种因素影响，市场频频出现巨幅涨跌动荡。为保证股市的平稳运行，防止交易价格的暴涨暴跌，抑制过度投机现象，我国证券监督管理委员会 1996 年 12 月 13 日规定，自 1996 年 12 月 26 日起实施涨跌停板制度①。除上市首日之外，股票（含 A、B 股）、基金类证券在一个交易日内的交易价格相对上一交易日收市价格的涨跌幅度不得超过10%（以 S、ST、S*ST 开头的股票不得超过 5%）②，极值理论的特点即在于根据极值数据的变异性来建模，而涨跌停板制度则严格抑制了极值数据的变异性。沪深股市风险数据分布在涨跌停板制度前后发生了质的结构变化，尤其是在分布的尾部这势必会对极值模型及 VaR 法等风险模型的估计效果产生影响。

1.1.2 研究意义

1）将极值理论引入到金融风险度量中，可利用其对厚尾估计的优势，修正 VaR 因正态分布假设所导致的尾部风险低估问题，以及 VaR 不能超越历史样本数据进行风险预测的问题。

基于 VaR 理论假设的瑕疵，近些年，一些学者试图用具有厚尾特征的多种分布函数模型来研究金融风险，如 Kon（1984）用混合正态分布、Gray 与 French（1990）用指数幂分布、Badrinath 与 Sangit Chatterjee（1991）用 g-h 分

---

① 我国股市的涨跌停板制度与国外有关制度的主要区别在于股价达到涨跌停板后，不是完全停止交易，在涨跌停价位或之内价格的交易仍可继续进行。

② ST（special treatment），表示该公司财务状况恶化（如净资产低于面值、连续几年亏损等），由证交所强制进行或上市公司自己申请该股票交易进行特别处理。S 表示还没有完成股改，S*ST 表示公司经营连续三年亏损，存在退市预警及还没有完成股改的状况。

布及 Felipe 与 Javier（1997）用 Scale-t 分布，但研究表明这些模型的应用都存在一定局限性。而极值理论突出点正在于对随机过程的厚尾特征具有很强的针对性，并且，其作为一种参数估计方法，可在总体分布未知情况下，依靠样本数据外推得到总体极值的变化性质，克服了传统统计方法不能超越样本数据进行分析的局限性。

2）已有相关文献大多是利用极值理论研究极值数据无约束条件下的极端风险度量，而在实际中，出于稳定市场或抑制投机等目的，许多国家对金融市场的波动进行了多样的限制。研究涨跌停板制度对极值数据分布的结构性影响，以及极值数据约束条件下的极值理论应用无疑是对已有理论的一种良好补充。

周恒志等（2004）研究了涨跌限制的台湾地区指数期货与新加坡摩根台指期货，发现涨跌限制截断了期货日内价格的极端变化，报酬率分布峰度减缓，对极值分布的参数估计、保证金不足的概率估计与保证金比例设定均有明显影响。尤其是摩根台指期货的 7% 涨跌幅度限制，恰好设置在日内价格变化的极端位置上，影响更为显著。我国沪深股票市场现实行 10% 涨跌停板制度，极值数据的变异性得到了显著抑制，极值风险数据异质性同质化倾向较为明显。近几年虽然有一些文献对沪深股市的极端风险进行了测度研究，但关于涨跌停板对极值风险数据发布结构的影响以及对极值模型有效性影响方面的研究却还很少。

3）极值理论对正处于经济转型期的我国金融风险管理具有显著的针对性，不仅可为金融机构抵御与防范风险提供坚实的理论支撑与具体有效的方法工具，也对我国经济的稳定、健康、持续发展具有重大的现实意义。

我国虽已初步建立起以国有商业银行为主体的商业性金融体系，然而金融体制改革的步伐依然远远滞后于其他经济部门。受各种因素影响，整个体系风险不断累积，波动性日趋显著。如何有效地抵御、防范及化解金融风险已成为当前理论界与实务界面临的紧迫问题。国外金融机构早已在使用以内部评级技术为代表的现代风险模型进行管理，而我国基本上还停留在资产负债指标管理和头寸匹配管理水平上，尚未建立起科学的风险管理体系，对金融的极端风险更是缺乏关注与管理。

1.2 研究方法及结构安排

1.2.1 研究方法

本书主要采用理论研究与实证分析相结合的研究方法。

在理论上，首先，遵循"分析问题 – 解决问题"的逻辑方法，将极值理论引入 VaR 中；其次，按照重点分析论的方法，对极值 VaR 模型中的关键因素——阈值模型（peaks over threshold，POT）中阈值的选取、区间极大值模型（block maxima method，BMM）中子区间极值一般极限分布与极值序列极限分布的关系、极值指数估计——进行着重研究，并在研究中采取严谨的数学逻辑与推理的具体方法；最后，本书还根据系统论的原理和方法，对极值模型所主要涉及的金融时间序列的相关性问题、极值模型的验证等环节进行研究。

在实证分析中，本书采取定性分析与定量分析相结合的方法。首先，在理论研究基础之上，选定分析对象、分析指标及其适宜形式，借助 S-PLUS、MATLAB 等统计工具，测度沪深股票市场的极端风险；其次，本书还应用比较研究的方法对涨跌停板制度前后的沪深股市的极端风险进行对比分析；最后，本书遵循因素变动分析法原理，研究涨跌停板制度对沪深股市极值风险数据分布产生的影响，以及这种影响之下的极值模型预测的效力。

1.2.2 结构安排

本书主要内容基于金融风险分布的尖峰厚尾统计特征，以及 VaR 的正态分布假设导致的尾部风险低估的问题而展开，力图将极值理论引入在险价值 VaR 中，使之能准确度量金融风险序列的极值状况。最后，基于理论研究结果，度量涨跌停板制度实施前后的沪深股市极端风险，并检验与分析这种涨跌停板制度对极值模型有效性的影响。故本书遵循"模型建立、模型检验、模型实证与分析"这一逻辑线路展开，主要内容包括以下六个方面：①极值概念、性质及类型定理；②广义极值分布与 BMM 模型对极端风险的测度；③广义 Pareto 分布与 POT 模型对极端风险的测度；④金融风险极值数据相关性的处置；⑤极值模型的回测检验；⑥沪深股市极端风险的实证分析。

本书的逻辑结构，如图 1.1 所示。

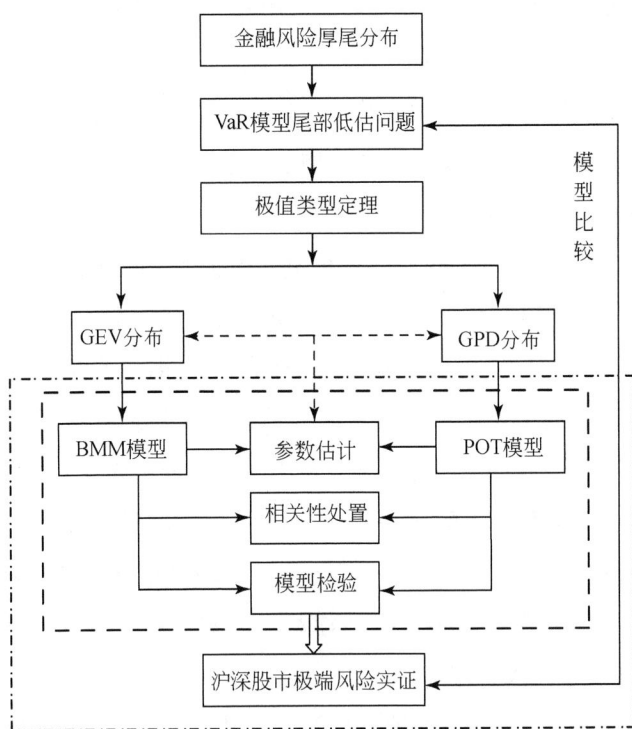

图 1.1　本书的逻辑结构图

1.3　本书的主要贡献和创新

本书的主要创新工作有：

1）目前极值理论相关研究中普遍存在忽略模型有效性检验，而仅以模型估计值大小即比较模型效果，导致模型选择错误较为突出。本书针对极值模型侧重于尾部估计的特性，构建了以失效率检验、Kupiec 检验及 Christofferson 有条件覆盖模型检验为主体的极值模型回测技术体系，使极值理论研究进一步规范化与系统化。

2）在 BMM 模型中，修正了区间极值的一般极限分布与极值序列极限分布的关系混淆的问题，在区别分析两者之间关系的基础上，推算受子区间划分个数或子区间长度影响的极值 VaR；在 POT 模型中，针对目前普遍采用样本平均超出量函数法选择阈值而存在的较大主观性问题，引入参数估计量稳定性法弥补了其不足；针对一些因数据结构导致的图解法失效的问题，进一步利用峰度法定量选取阈值，并对指数回归模型法、子样本自助法、序贯法等定量方法进行了分析探讨。

3）在沪深股票市场极端风险实证分析中还发现：①在较高置信水平 99% 下，极值模型有效性显著高于 VaR 模型，尤其是 POT 模型在充分考虑超出值序列时间易变性的条件下仍具有良好的估计效果，其两个指标 VaR^{POT}、$CVaR^{POT}$[①]都较真实地反映了沪深股市的极端风险水平及杠杆效应。②在较低置信水平 95% 下，POT 模型仍然是最具有效性，但此时指标 $CVaR^{POT}$ 比 VaR^{POT} 更真实地反映了沪深股市中的杠杆效应。同时，BMM 模型存在低估现象，而 VaR 模型非但没有低估反而存在高估的情况。③不论在较高置信水平 99% 还是较低置信水平 95% 下，除串后的 POT 模型的有效性非但不及除串前，总体上也不及 BMM 模型与 VaR 模型。

实证分析的第②、第③项结论与目前理论界对极值理论的普遍认识截然相反。理论界普遍认为：极值模型在越高的置信水平下越能捕捉到分布的厚尾特性，而在较低置信水平下效力尚不及 VaR 模型；而且，除串减消极值序列的相关性后，POT 模型估计精确度更高。

针对实证研究结论与普遍认识的不同，本书分析认为这是由于沪深股市所实施的涨跌停板制度影响极值数据分布结构而造成的。极值理论最突出之处即

---

① VaR^{POT}、$CVaR^{POT}$ 表示根据 POT 模型计算出的 VaR 值及 CVaR 值，详见第 4、第 5 章节。

基于极值数据的异质性进行外推断定，而涨跌停板制度刚性地抑制了风险极值数据的异质性，沪深股市风险极值数据密集分布在 ±10% 的涨停线附近，极值风险数据异质性出现了同质化倾向，导致极值风险数据分布结构出现向内收敛的性质，致使厚尾分界线向内移动，从而影响了极值模型的测度效果。另外，我国证券市场与国外市场的隔绝以及市场的不规范性及投机性也极大地影响市场极值数据的分布结构。

最后，本书根据行为金融学理论，从涨跌停板制度对市场极端价格的约束机制、涨跌停板制度对市场投资者群体行为的影响，以及涨跌停板制度下市场投资者的个体心理等方面进行了合理分析。

2 国内外研究现状综述

极值事件有时候比常规事件更值得关注。自 Gumbel（1958）第一个将极值理论系统地应用到实践之后，极值理论在气象、材料强度、洪涝、地质灾害以及金融风险等方面得到越来越广泛的应用。近些年来，极值理论的研究取得很大进展，克服了传统统计方法不能超越样本数据进行外推的缺陷，已成为主流统计学的一个重要分支。

2.1 国外研究现状

2.1.1 极值理论发展脉络

早期极值理论主要研究极值大小与样本量之间关系，近代极值理论则开始于德国。统计学家 Bortkiewicz（1922）首次明确提出极值问题，发现来自正态分布的样本最大值为一个新的分布。Tippet（1925）研究了正态总体各种样本量的最大值并做出相应的概率表、样本平均极差表。Fréchet（1927）则证明了来自不同分布但有着某种共同性质的最大值可以有相同的渐近分布，并提出 Fréchet 分布与最大值稳定原理。

Fisher 等（1928）也独立找到 Fréchet 分布，同时构造了 Weibull 与 Gumbel 两种极值分布形式，并提出了极值类型定理，即独立同分布的随机变量的最大值经线性变换后依分布收敛于某一非退化分布。故不论总体分布 $F(x)$ 是何种形式，其极值分布必定属于 Fréchet、Weibull 或 Gumbel 三个极值分布类型之一。极值类型定理奠定了极值理论的核心内容，成为极值理论渐近分布原理的基础。

Mises（1936）提出了最大次序统计量收敛于极值分布的简单有用的充分条件，由此可知经常出现的连续型分布几乎都属于极值分布的吸引场。比如均匀分布、贝塔分布属于 Weibull 分布的吸引场；正态分布、伽马分布、对数正态分布等属于 Gumbel 分布的吸引场；t 分布、Pareto 分布等则属于 Fréchet 分布的吸引场。

Gendenko（1943）严格证明了极值类型定理，给出了极端次序统计量收敛的充分必要条件，提出极值的分布与本身的分布是相对独立的著名极值定理。Haan（1970，1972）则在 Gendenko（1943）的研究成果基础上进行了更深入的研究，完全解决了吸引场问题。

20 世纪 50 年代，极值理论有了较大的发展。当时主要是运用区间样本极大值法（block maxima method，BMM）对按一定标准划分的区间极大值按极值类型进行拟合。为避免分布类型预设错误，Jenkinson（1955）将三种类型的极值分布经过适当变换，归纳为一个单参数的广义极值分布（generalized extreme value distribution，GEV），只对一个形状参数 ξ（也称为极值指数或尾指数）推断，就可恰当地确定极值分布类型。Resnick（1987）进一步将广义极值分布的最大吸引范围和概率论中的正则变化理论联系起来，证明了 Gumbel、Fréchet 与 Weibull 三种极值分布各自的最大吸引场概率分布的尾部特征。

受极值选取方法影响，BMM 模型主要局限于具有时间阶段特征的数据。而且，实际中极值数据本来就非常有限，此方法却还很可能漏掉一些富含信息的数据。如某区间次极大值大于另一区间极大值，变异性更显著却被忽略。这意味着 BMM 模型不仅浪费了大量富含信息的有限数据，也增加了模型参数估计的不确定性。

Pickands（1975）发现在属于一般极值分布的吸引区域内，分布函数两侧的部分数值可用广义帕累托分布（GPD）来近似取得。基于此，POT 模型（peaks over threshold）得以产生，其对超过某一充分大的临界值（这里称为阈值）的所有观测数据进行 GPD 分布拟合，通过参数估计推断，渐近地刻画未知总体分布的尾部特征。

POT 模型具有更合理的理论基础与实践意义：一是充分利用了有限的极值数据，弥补了 BMM 模型利用极值数据有效性不足的问题；二是形式简单，便于计算，适用范围更为广泛，而不仅仅适用于时间阶段特征较明显的数据序列。

此后，Leadbetter 等（1983）在独立同分布假设下，证明了随机变量边际分布的尾部分别是指数衰减、幂衰减和有界尾，并针对实际时间序列数据常常存在相依性，很少能满足独立同分布条件的问题，证明了序列在满足一定相依情况条件下，最大次序统计量的标准化极限分布仍是极值分布。Resnick（1987）将 GPD 分布的最大吸引范围与概率论中的正则变化理论联系起来，证明了这三种极值分布各自的最大吸引场概率分布的尾部特征。这些研究为 POT 模型提供了有力的理论支撑，水文、地质、交通等众多领域的成功实践也证明了 POT 模型具有显著优点，POT 模型由此成为极值理论的主流方法，极值理论也成为现代统计学的主流分支。

极值理论模型需要估计相关参数和确定适当的阈值，这也正是应用极值理论模型进行拟合与计算的关键和难点。

在参数估计方面，Rao（1973）研究得出在 $\xi < \frac{1}{2}$ 时广义 Pareto 分布参数（ ξ, σ ）的矩法估计表达式。Smith（1987）和 Azzalini（1996）则对广义 Pareto 分布的最大似然估计进行了研究。由于最大似然估计具有良好的统计特性，其成为近 20 年来极值理论中最重要与最常用的点估计方法。Hosking 等（1985，1987）利用概率权重矩估计法研究了广义 Pareto 分布参数（ ε, σ ），此方法在小样本估计方面具有一些良好的统计特性。

针对极值指数估计，Pickands（1975）提出 $\xi \in R$ 条件下的 Pickands 估计。Hill（1975）提出 $\xi > 0$ 条件下的 Hill 估计，其成为极值指数最经典的估计，至今仍被普遍应用。Dekkers 等（1989）提出了 $\xi \in R$ 条件下的矩估计。Csörgo 等（1985）、Beirlant 等（1996）提出了核估计。

Resnick 等（1998）利用光滑的矩估计对极值指数建模，并研究了它的极限性质。Groeneboom 等（2003）利用核型估计对极值指数进行建模，并将结果与 Hill 法、矩估计法以及似然估计法进行比较。Huisman 等（2001）利用最小平方法分别对 Hall 族和幂指函数型的尾部的极值指数进行了估计。Brazauskas 等（2003）对 Pareto 分布的极值指数构造了一种新的稳健估计。Matthys 等（2003）、Beirlant 等（2002）通过对广义极值分布（GEV）建立指数回归模型，得到了极值指数较好的估计。

由于在估计极值指数后，往往需要进一步估计高分位数。Haan 等（1993）构造了高分位数估计量，并讨论了其大样本性质。Danielsson（1997a，1997b）将 k 阶矩率估计量引入自助法，也对高分位数和超出概率问题进行了研究。Ferreira（2002）同样利用自助法研究高分位数的逆问题和极值分布的尾概率问题，同时利用矩估计方法对求高分位数时的 k[①] 的选取进行了研究。

在阈值选取方面，目前主要有定性图解法与定量计算法两大类。图解法主要是根据平均超出量函数的线性变化或判断阈值改变所引起的参数估计量的变化来进行阈值的选取。计算法则主要有基于 Hill 估计的阈值选择方法，其又分为两类：一类是构造 Hill 估计的渐近均方，然后选择使其最小的那个阈值；另一类是根据最佳 $\hat{k}_n^{opt}$ [②]的渐近表示，直接估计最优阈值，具体有指数回归模型法、子样本自助法及序贯法等方法。

平均超出量函数法以样本的经验平均超出函数（empirical mean excess function）趋向于线性的拐点作为阈值。Hill 图法则选取形状参数 ξ 相对稳定时对应的点为阈值。图解法简便易操作，但选取时的主观性较大，而且缺乏理论支持，关于什么是"趋于线性"、什么是"相对稳定"至今仍未形成统一的认识。同时，受所分析数据序列本身结构因素的影响，图解法常常对阈值的选取无法作出判断。

Hall（1990）最早将自助法引入极值指数估计中，基本思想就是寻找到使形状参数的渐近均方误差最小的排序后的第 K 个最大值，以这个最大值作为临界值。然而此方法是依分布收敛的，而非依概率收敛，这可能造成较大的估

---

① K 指拟合 GPD 分布的最优样本数据个数，详见 5.3 章节。
② $\hat{k}_n^{opt}$ 指使得渐差均方误差最小的 k 值，详见 5.3 章节。

计偏差。对此，Danielsson 等（2001）提出了子样本自助法，该方法不需要设定初始参数，只需确定样本大小和子样本个数。Dress 等（1998）提出了序贯法，利用重对数律构造 Hill 估计的样本最优分割的停止时间（stopping time）来选取最优阈值。Beirlant 等（1999，2002）、Matthys 等（2000，2003）建立了指数回归模型法。Beirlant 等（2002）在 Guillou 等（2001）的研究基础上设计了诊断方法。一般情况下，这几种方法确定的阈值很接近，但仍存在一些细微的差别。序贯法和指数回归模型法适用于中小规模的样本，如样本量在 500～5000 时。而当样本量特别大，尤其是高频数据时，利用自助法和诊断法效果较为理想。

一些学者也对阈值选取提出了不同的方法。Embrechts et al.（1997）提出了模拟法，以不同阈值下极值指数的形状来选取适宜的阈值。McNeil 与 Frey（2000）提出了厚尾分布与正态分布相交法，将实际的分布和正态分布进行比照，两种类型分布的交点就是阈值点，交点后的实际分布则呈厚尾分布。与厚尾分布与正态分布相交法原理相同，Pierre Patie（2000）提出峰度法，其作为 VaR 计算中的一个模块，已经被 Mortis Software Lid 采用并实现，但峰度法没有理论根据，只是凭经验进行操作。Choulakian 等（2001）根据 Cramer-von 统计量 W^2 和 Anderson-Darling 统计量 A^2 提出了 GPD 模型的检验表方法，较精确说明在一定显著性水平下阈值的选取。

以上阈值选取方法各有优劣，但迄今为止，仍然没有一个统一的最好的选取方法。合理确定阈值，实现样本最优分割，在于如何平衡偏差与方差之间的关系。阈值的有效确定已成为极值理论研究亟待解决的重点问题。

2.1.2　极值理论在金融领域中的应用

极值理论的应用研究开始于 20 世纪 30 年代，主要应用在气象、水文、材料强度、地质灾害、工程等方面。瑞典物理气象学家和工程师 Weibull（1939）最先将极值理论运用到材料强度的测度中。Gumbel（1958）第一个将极值理论系统地应用到实践中，解释了洪水统计分布、气象异常观察值等统计问题。

从此，极值理论引起了工程师和统计学家的广泛注意。Resinck（1997）研究了电信数据的厚尾建模问题，对如何判断数据是否具有厚尾现象、如何分析数据的相关性进行深入探讨，并对 Hill 估计、矩估计等进行了模拟研究。Coles 等（2003）将他们的极值理论研究成果应用到降雨等方面，研究了委内瑞拉 Maiquetia 机场未来几年最大降雨量分布，并绘出了相应的返回水平图。

极值理论在金融领域的应用只是近 20 年的事情，其发展经历同国际金融风险管理的发展阶段紧密结合在一起。

20 世纪 90 年代，货币与信用危机对金融市场造成极大冲击，极值理论因已被证实可以有效地捕捉金融资产报酬率分布的厚尾特性而用于金融市场极端的价格波动，金融收益的尾部特征成为主要的研究对象。Koedijk（1990，1992）利用尾部指数估计汇率回报的厚尾特性，并在东欧七国黑市汇率收益实证中发现存在有限二阶矩，以及尾部指数常可用于考虑随机变量分布的大方差特性。Jansen 等（1991）研究了股市收益的尾部特征，建议投资者根据个股尾部特征，选择风险较小的投资组合。Akgiray（1998）利用极值理论研究了拉丁美洲黑市汇率分布特性。

Longin（1996）以美国股票市场 1885～1990 年的日观察值为样本，首次将极值理论用于市场回报的极端情况建模分析。Danielsson 与 Vries（1997）以美国 7 支股票构成的组合为样本比较各种模型的表现情况，发现极值模型明显优于参数方法和历史模拟方法。Gencay 等（2001，2003）应用极值理论检验了信贷市场与股票市场的过度波动与风险极值估计。Reiss 等（2001）也研究了极值理论在金融与保险中的应用，并探讨了正态混合分布等厚尾类型分布。Neftci（2000）、Gilli 等（2003）以及 Christoffersen 等（2004）也分别采用极值理论对金融收益序列的尾部特征进行了分析和比较。

Coles 等（1996）利用 Bayes 方法研究了超越阈值的随机点过程模型和非平稳时间序列的极值建模问题。

Kearns 等（1997）在样本相依情况下对金融时间序列进行了研究。Embredhts 等（1997）对金融与保险领域的极值建模进行了研究，并探讨了自回归条件异方差（autoregressive conditional heteroskedasticity model，ARCH）模型的极值和尾行为，给出了在 ARCH 模型系数满足一定条件下，ARCH 模型的尾指所满足的关系式。Mcneil（1998）结合极值理论与广义 ARCH（Generalized ARCH，GARCH）模型计量市场风险，取得了优于条件正态分布、条件 t 分布的结果。

Longin（2000）研究认为金融市场中的极端变化是与各类大小波动因素相关的，给出了计算 VaR 的极值方法，并同传统的历史模拟法、正态分布法以及条件 GARCH 模型方法进行了比较研究，结果表明极值方法能够很好地拟合股指收益率数据概率分布的尾行为。Duffee（1999）应用极值理论对巴西、韩国、中国香港、中国台湾及阿根廷等一些世界新兴金融市场进行了研究，并将研究结果与具有正态分布或学生 t 分布的方差 – 协方差方法、历史模拟法及 GARCH 模型法进行比较，结果表明基于极值理论的 GPD 方法在 99% 或者更高分位数上具有较优的表现。

Gencay 等（2003，2004）、Hans Byström（2004）、Brooks 等（2005）、Stelios 等（2005）等学者大都以股票市场、期货市场为研究对象，证明了极值理论比其他方法更能准确地描述厚尾分布的特征，具有极强的预测能力，是一种稳健的分位数预测工具，尤其可以得出更准确的 VaR 值测量，而且采用小样本仍能得到良好的测量结果。

然而，Lee 等（2002）运用极值模型对亚洲股票市场的 5 个指数进行分析时，却发现历史模拟法、参数方法都比极值模型的表现好。郑振龙等（2005）分析认为这主要是因为亚洲股票市场是新兴的市场，与美国成熟的股票市场相比，收益序列具有较强的序列相关和条件异方差现象，不能满足极值模型要求的假定条件，造成极值模型较大的估计误差。

单维极值理论的局限性在于孤立了极值事件，忽略了极值事件之间往往存在的相依影响。

Embrechts 等（1999）最早将 Copula 连接函数应用于金融领域。应用 Copula 函数首先可以灵活地分开解决金融资产各自的风险分布及之间相依结构的问题，且由于不限制边缘分布的选择，可应用 Copula 函数灵活构造多种形式的多元分布。而且，若对某个变量做非线性单调递增变换，相应的 Copula 函数不变，因此由 Copula 函数得出的一致性和相关性的测量值也不变。故 Copula 函数比一般线性相关的测度具有更大的适用范围，可捕捉到变量间非线性、非对称关系，特别分布尾部的相关关系。Segers（2004）、Beatriz 等（2004）、Fortin 等（2002）、Patton（2003a，2003b）、Chen 等（2005）、McNeil 等（2005）等学者进一步将极值理论与 Copula 函数结合起来，为度量金融风险尾部的相关性结构奠定了基础。

Longin（2000）研究了多风险因素头寸的 VaR 计算问题，并利用二元极值理论方法研究了极值的相关性。Romano（2002）对意大利股市收益率进行了 Copula 分析。Poon 等（2003）建立了美国、英国、法国、德国和日本国际股票市场的指数收益率的极值相关数学模型，结果表明美国和日本股票市场渐近独立，在渐近相关的错误假设下，投资组合风险被明显估高。这说明在利用多元极值研究资产收益率的风险估计问题时所作的极值渐近相关的假设不一定适合所有的市场，在具体数据分析中应该首先检验所依据假设的合理性。

建立在 Copula 函数上的多元极值模型更能有效地应用于金融风险管理方面，目前已成为金融风险理论的前沿之一。然而，由于 Copula 函数本身还尚待完善，存在着一些亟待解决的问题，如多元极值理论方法在应用中一般需要满足多元极值渐近相关的条件，否则可能导致风险的高估，而实际中极值渐近相关假设并不适合所有的市场。另外"维数灾"也成为束缚多元极值理论研究与应用的瓶颈。这些问题导致目前极值理论在金融领域的应用还主要限于一维模型。鉴于本书主要是针对一维极值理论展开，多维极值方面的研究不再详述，可参见相关文献。

概括地说，近 20 年极值理论研究主要集中在两个方向：一是对极值分布性质的继续探索，如对离散型与连续型随机过程极值及其次序统计量的渐近性、收敛速度及联合分布等统计特性的推断（Reiss et al.，2001；Finkelstada et al.，2003；Beirlant et al.，2004），并提出了超阈值点过程模型（Smith，1989）、时间序列 Logistic 模型（Smith et al.，1997）等。二是因自然、社会领域极值事件频繁发生而将重点置于极值理论的应用研究方面。甚至可以说，极值理论近 20 多年的最大发展就是其在自然及社会领域中的应用研究。

2.2 国内研究现状

国内关于极值理论的文献较少，相关领域的研究也是近些年才开始的。已有文献大多为极值理论方面的介绍性或较为简单的实证研究，在金融领域中的研究主要集中在证券、外汇、期货及保险等方面。

史道济是国内较早对极值理论进行研究的学者，所著《实用极值统计方法》（2006）是本书所收集到的国内最完整、最详尽的极值理论方面的专著文献。史道济（1993，1997）还对二元极值分布参数估计的矩方法、马尔科夫链的 Fisher 信息阵及参数的最大似然估计、多元极值分布的信息阵、多元极值分布参数的最大似然估计与分布估计进行了较深入研究。

朱国庆等（2001）、柳会珍（2006）综述了极值理论的发展及其在金融领域中的应用。

潘家柱和程士宏（2000）研究了矩估计分布函数的渐近展开式，即极值分布形状参数的矩估计收敛到正态分布的精确速度。潘家柱等（2004）对一类平稳金融时间序列信息项的尾指和序列边际尾指的关系进行了研究。欧阳资生（2006）研究了极值指数的修正的 Pickands 型估计的样本分割方法，同时提出了自适应的样本点分割的自助算法。

实证方面的文献主要有：

朱国庆等（2001）利用 GEV 模型拟合了上海股市极值收益率的分布，并通过最优拟合度验证了上海股市极值收益分布服从 Fréchet 分布。田宏伟等（2000）应用四种汇率历史数据进行了实证研究，认为在极端条件下用极值理论方法估计的 VaR 具有较高的精确性，而矩估计法的结果又优于极大似然估计。

周开国等（2002）以香港恒生指数为样本进行了极值分析。封建强（2002）对沪深股市收益率的极端风险进行了 VaR 测度研究。马玉林等（2003）也利用极值理论对沪深股市的极端风险进行了实证分析。高松等（2004）实证研究了美元与日元汇率的极端风险，并得出股指日收益率尾指和股市新息的尾值是一致的结论。

邵学清（2003）利用极值模型对 FT30 指数（financial times 30 index）进行了实证分析。黄大山等（2005）通过 POT 方法建模和 Boostrap 模拟参数置信区间检验，对深圳成分指数进行了实证分析。

邓兰松等（2004）引入极值指标对极值数据间的局部相关性进行了减消处置，对上证指数和深成指数进行了实证分析。但是，他们在实证中未考虑涨跌停板制度因素对极值数据造成的结构性影响，未将涨跌停板制度前后的数据分段处理，影响了估计的效果。卢方元（2005）比较了涨跌停板制度前后沪深股市尾部风险，但只是比较了收益率序列尾部涨跌停板制度前后的厚薄状态，而没有进一步分析涨跌停板制度因素对尾部极值数据分布状态的影响过程，也未给出合理的理论解释。柳会珍等（2006a）实证分析了上证综合指数极值日收益率，结果表明涨跌停板制度的实施有效地控制了股票市场中的投机现象，可以降低投资者的收益损失风险。

魏宇（2006）实证分析了运用极值理论测度金融收益尾部风险的优越性和通用性，并实证对比和说明了各类收益分布假定的适用范围和精确程度。柳会珍等（2006b）则实证研究了大波动和日收益率极值之间的关系。欧阳资生（2006）基于指数回归模型，在渐近最小均方误差的准则下给出矩估计的阈值和样本点分割的选取原理和方法，并进行了实证研究。欧阳资生等（2006）将极值理论应用于保险数据进行了实证分析。许冰等（2006）通过 Hill 估计的改进方法对上证综合指数和深圳成分指数的收益率分布的尾部指数进行了参数估计，实证表明沪深大盘指数收益率分布具有厚尾特征，但并不服从无限方差分布。

至于将 Copula 连接函数结合到极值理论进行多维极值风险度量方面的研究，国内更是近几年才逐渐开始的。

张尧庭（2002）较早地介绍了 Copula 函数的基本概念、性质及其在金融领域中的应用前景。史道济（2003）利用 Copula 函数研究了二元极值分布模型的参数估计问题。李秀敏等（2007）用 GPD 和 Copula 函数实证研究了沪深股市间的相关性。杨旭（2006）针对商业银行操作风险利用多变量极值的连接函数反映了损失事件之间的尾部相依性。叶五一等（2006）应用 Copula 方法得到了股票价格日内波幅和收益率的相依结构，以及两者之间的尾部相依系数，并对上证指数和浦发银行股票进行了实证分析与比较。李悦等（2006）的研究认为用 Gumbel-Hougard Copula 函数对上证指数和恒生指数进行尾部相关性分析是最优的。关静等（2008）结合极值理论与阿基米得 Copula 函数分析沪深股市投资组合风险，并进行 Monte Carlo 模拟。

国内关于多维极值理论方面的研究还处于萌芽状态，已有研究多为介绍性的文献或基于某个具体 Copula 函数形式的简单实证分析。而对如何选取经验 Copula 函数及各种常用 Copula 函数性质的对比分析方面仍然较为欠缺，尤其是在结合极值理论与 Copula 函数构建金融资产风险模型并用来分析中国金融市场的相关研究更是非常地匮乏。这里关于多元极值的研究不再赘述，可参见有关文献。

总体来说，国内关于极值理论的研究还处于较低阶段，与国外的研究水平还存在很大的差距。尤其缺乏理论研究的深度性与应用研究的创新性，基本上只是应用已有的简单极值模型在金融领域做些实证工作。而且由于对极值理论掌握的深度还不够，一些研究工作也存在一些瑕疵。

尤为值得关注的是，我国沪深股票市场自 1996 年 12 月 26 日起实施10%的涨跌停板制度。这种刚性约束极大地影响了沪深股市极端收益率数据的分布状态，很可能造成极值不极现象，即极值变异性同质化的现象。而对极值理论来说，其突出的特点就是利用随机变量的极端变异性进行外推预测，当极端数据出现同质化倾向时，极值模型的适用范围和测度效果很可能发生相应的变化。然而至今为止，很少有学者对极值理论在涨跌停板制度下对股票市场极端风险的度量进行深入与系统地研究。

2.3 本章小结

本章基于时间主线对极值理论的发展及其在金融风险领域中的应用进行了脉络整理与评析。发展至今，建立在 GEV 分布及 GPD 分布之上的 BMM 模型和 POT 模型已成为极值理论较成熟、较完善的两大类模型，尤其是 POT 模型可更有效地利用有限的极值数据信息，从而成为极值理论当前的主流技术。

从本章可以看出，目前极值理论中亟待解决的问题主要集中在极值模型中的参数估计与阈值选取这两方面，特别是阈值的选取仍未形成统一有效的方法。在实证分析方面，已有大量文献验证了极值模型具有较明显的优势，但关于一些新兴金融市场的研究文献还较少，而且对极值模型的测度效果存在不同的见解。现阶段，我国沪深股票市场实施涨跌停板制度，股票市场的极值风险数据的异质性在很大程度上被抑制，而关于约束条件下的极值理论研究都很少，相关研究有待进一步深入。

3 极值概念、性质及类型

极值专指某一集合内数据的差异性。在实际情况中，由于总体分布往往是未知的，很难直接推导出极大值与极小值的精确分布。为避免传统估计方法所导致的较大误差，极值理论一般通过研究样本极值的渐近分布，即当样本数趋于无穷时样本极值的分布推出总体分布。然而，当样本数趋于无穷时，样本极大值与极小值分布却存在退化分布的问题。

3.1 极值概念与性质

极值（extreme value）在概率意义上表示随机变量的极端变异性，在统计意义上则表示数据集合中的最大值或最小值。因此，即使有的数据集合中的极值与其他数据并不存在较大的差距，这个数据集合仍然是存在极值的。在极值理论中极值指的就是这种集合内的数据的差异性。

设 $X_1, X_2, \cdots, X_n$ 是来自同分布 $F(x)$ 总体的一个样本，其顺序统计量为 $X_{(1)} \geq X_{(2)} \geq \cdots \geq X_{(n)}$ ，若 $M_n = \max\{X_1, X_2, \cdots, X_n\}$，$m_n = \min\{X_1, X_2, \cdots, X_n\}$，则称 M_n 为极大次序统计量，称 m_n 为极小次序统计量，M_n 与 m_n 统称为极值统计量。

由于极值构成的样本数据来自同一总体，具有独立同分布（记为 iid），极值统计量的分布函数可以由来自同一分布的总体分布 $F(x)$ 表示。

令 $F_1(x)$ 表示极大值的分布函数，$F_n(x)$ 表示极小值的分布函数，则

$$F_1(x) = P(M_n \leq x)$$

$$= P(M_{(n,1)} \leq x, M_{(n,2)} \leq x, \cdots, M_{(n,j)} \leq x)$$

$$= \prod_{j=1}^{n} F_j(x)$$

$$= F^n(x) \tag{3.1}$$

$$F_n(x) = P(m_n \leqslant x)$$

$$= 1 - P(m_n \geqslant x)$$

$$= 1 - P(m_{(n,1)} \geqslant x, m_{(n,2)} \geqslant x, \cdots, m_{(n,j)} \geqslant x)$$

$$= 1 - \prod_{i=1}^{n} (1 - P(m_{(n,1)} \leqslant x, m_{(n,2)} \leqslant x, \cdots, m_{(n,j)} \leqslant x))$$

$$= 1 - \prod_{j=1}^{n} (1 - F(x))$$

$$= 1 - (1 - F(x))^n \tag{3.2}$$

式（3.1）中的 $M_{(n,j)}$ 表示 n 个极值样本中的第 $j(1 \leqslant j \leqslant n)$ 个样本的极大值，同理，式（3.2）中的 $m_{(n,j)}$ 表示第 j 个样本的极小值。

因此，如果总体分布 $F(x)$ 已知，则可由总体分布 $F(x)$ 得到极值 $F_1(x)$ 与 $F_n(x)$ 的分布。但是，在实际情况中，总体分布 $F(x)$ 往往是未知的，所以很难直接由式（3.1）与式（3.2）推导出极值 $F_1(x)$ 与 $F_n(x)$ 的精确分布。

针对总体分布 $F(x)$ 未知的情况，传统的统计方法以样本观察值来替代未知的总体分布 $F(x)$。此方法的缺陷在于，对总体分布 $F(x)$ 估计的微小的偏差很可能在对极值 $F_1(x)$ 与 $F_n(x)$ 的推导中显著地传导并扩大。

为了解决上述存在的问题，在极值理论中，通常可通过研究样本极值的渐近分布，即由当 $n \to \infty$ 时样本极值的分布推出未知总体分布。然而，当 $n \to \infty$ 时，样本极值分布 $F_1(x)$ 与 $F_n(x)$ 却存在退化分布的问题。

以极大值 $x_{(1)}$ 分布的极限为例，设

$$A = \{x:0 < F(x) < 1\}, \quad x \in R$$

称集合 A 为分布 $F(x)$ 的支撑，其中，x^* 和 x_* 分别为分布 $F(x)$ 支撑的上端点和下端点，记为

$$x^* = \sup_{x \in A} A$$

$$x_* = \inf_{x \in A} A$$

显然，$x \in [x_*, x^*)$，则

$$F_1(x) = P(M_n < x) = F^n(x) \to 0, \quad n \to \infty$$

若分布 $F(x)$ 的上端点为有限，即 $x^* < \infty$，则当 $x \geqslant x^*$ 时，有

$$F_1(x) = P(M_n < x) = F^n(x) \to 1, \quad n \to \infty$$

所以，当 $n \to \infty$ 时，不论 x 是否有限，极大值 M_n 分布的极限只能是 1 或 0，呈现退化分布的特征。由式（3.2）可推知，当 $n \to \infty$ 时，极小值 m_n 的分布极限也服从退化分布。所以，直接研究极值统计量的极限分布没有任何意义。

Fisher 等（1928）对极值进行了标准化处理，发现通过标准化程序可较好地解决极值极限分布的退化问题。

若适当地选取规范化常数 a_n（$a_n > 0$）和 b_n，令

$$M_n^* = \frac{M_n - b_n}{a_n} \tag{3.3}$$

则标准化后的极限分布不再是退化分布。

对于非退化极限分布的存在性问题，Leadbetter 等（1983）在独立同分布的假设下，证明了最大次序统计量标准化的渐近分布分别是下文（3.2 节）所提到的 Gumbel、Fréchet 与 Weibull 三种类型极值分布的充分必要条件：随机变量边际分布的尾分别是指数衰减、幂衰减和有界尾。

3.2　极值类型定理

Fisher & Tippet（1928）极值类型定理：假设 $X_1, X_2, \cdots, X_n$ 是独立同分布（iid）随机变量，n 为样本空间，未知总体分布为 $F(x)$，M_n 为区间极大值，若存在常数项 $a_n > 0$、$b_n \in R$ 和非退化的分布函数 $H(x)$，满足：

$$\Pr\left(\frac{M_n - b_n}{a_n} \leqslant x\right) \xrightarrow{d} H(x) \tag{3.4}$$

则称 $H(x)$ 为一个极大值分布，其中，"$\xrightarrow{d}$"表示弱收敛于某分布；$a_n > 0$ 表示离散程度，相当于标准差；$-\infty < b_n < \infty$ 表示位置参数，相当于平均数。

Fisher & Tippett 极值类型定理指出, 标准化后的 $\dfrac{(M_n - d_n)}{c_n}$ 的渐近分布必定属于以下三种类型极值分布 (extreme value distribution) 中的一种 (式中, a 为尾指数参数):

Ⅰ:Gumbel 分布　　$H_1(x) = \exp\{-\exp(-x)\}$,　$-\infty < x < +\infty$　(3.5)

Ⅱ:Fréchet 分布　　$H_2(x) = \begin{cases} \exp\{-x^{-\alpha}\}, & x > 0 \\ 0, & x \leqslant 0 \end{cases}$　　$\alpha > 0$　(3.6)

Ⅲ:Weibull 分布　　$H_3(x) = \begin{cases} 1, & x > 0 \\ \exp\{-(-x)^{\alpha}\}, & x \leqslant 0 \end{cases}$　　$\alpha < 0$　(3.7)

Fisher & Tippet 极值类型定理表明, 独立同分布的随机变量的极大值经线性变换后依分布收敛于某一非退化分布。所以, 不论总体分布 $F(x)$ 是何种分布形式, 其极值分布必定属于上述三个极值分布类型之一。

Fisher & Tippet 极值类型定理提供了类似于中心极限定理的极值收敛定理, 证明过程可见 Leadbetter 等 (1983) 等相关文献。Fisher & Tippet 极值类型定理奠定了极值理论的核心内容, 成为极值理论渐近分布原理的基础。后来的一些学者, 如 Gnedenko (1943) 等也证明了极值类型定理。

根据 Gumbel、Fréchet 与 Weibull 分布式, 可求得这三种类型极值分布的密度函数:

Ⅰ: Gumbel 分布密度函数

$$h(x) = e^{-x}H(x) = e^{-x} \cdot \exp\{-\exp(-x)\},　-\infty < x < +\infty　(3.8)$$

Ⅱ: Fréchet 分布密度函数

$$h_\alpha(x) = \alpha x^{-(1+\alpha)} \cdot H(x) = \alpha x^{-(1+\alpha)} \cdot \exp\{-x^{-\alpha}\},　x > 0　(3.9)$$

Ⅲ: Weibull 分布密度函数

$$h_\alpha(x) = \alpha(-x)^{\alpha-1} \cdot H_a(x) = \alpha(-x)^{\alpha-1} \cdot \exp\{-(-x)^{\alpha}\}, x \leqslant 0$$

$$(3.10)$$

当 $\alpha = 1$ 时, 三种类型的极值分布称为各自的标准极值分布, 相应地, $\alpha = 1$ 时的各类极值分布的密度函数称为标准的分布密度函数, 如图 3.1 与图 3.2 所示。

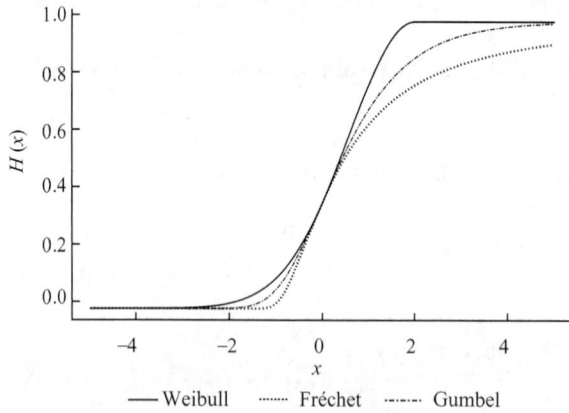

图 3.1　标准极值分布函数图（$\alpha = 1$）

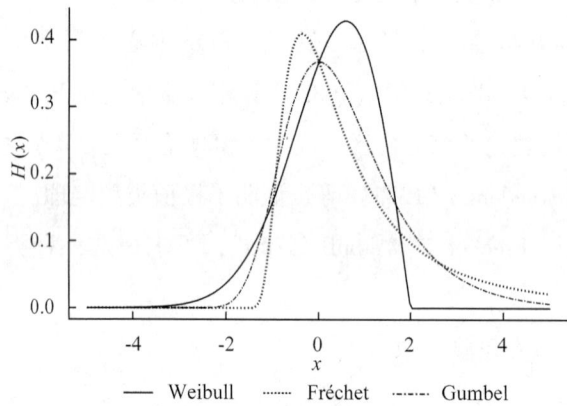

图 3.2　标准极值分布密度函数图（$\alpha = 1$）

从图 3.1、图 3.2 可以看出，三种类型的极值分布的密度函数都是单峰函数，都存在一个点，当 x 未超过这个点时，密度函数是非减的；当 x 超过这个点时，密度函数是非增的。

Fréchet 分布从 0 开始向 $+\infty$ 伸展，在分布的尾部以 $x^{-\alpha}$ 形式趋于 0，具有较长的尾部，呈厚尾特征。

Weibull 分布也是从 0 开始却向左方伸展，存在有限的右尾，属于细尾分布，分布存在有限上端点。

Gumbel 分布的尾部特征处于 Weibull 分布与 Fréchet 分布之间，在其分布的尾部，密度以指数形式 e^{-x} 衰减。当尾指数参数 $a \to \infty$ 时，可证明 Fréchet 与 Weibull 分布即为 Gumbel 分布。

在以上三种类型极值分布中，Fréchet 分布对于风险管理具有重要意义。Gay 等（1990）、Amado Peiró（1999）等学者的研究均证明了大多数金融资产收益率服从 Fréchet 分布。Fréchet 分布与金融风险厚尾尖峰的实际分布相符合的统计特性，表明据其建模可更准确地度量金融风险的极端水平及该极端风险发生的概率。

3.3 极值分布的最大值稳定性

若存在常序列 $\{a_n > 0\}$，$\{b_n\}$，对已给定的分布函数 $F(x)$，有

$$F^n(a_n x + b_n) = F(x)$$

则称分布函数 $F(x)$ 是最大值稳定的。

由式（3.4）可知，若 $F(x)$ 是最大值稳定的，则相应的极大次序统计量 M_n 的分布仍然是 $F(x)$。

对于极值 I 型 Gumbel 分布，令 $a_n = 1$，$b_n = \log n$，则

$$H_1^n(x + \log n) = H_1(x)$$

故极值 I 型 Gumbel 分布是最大值稳定分布。

对于极值 II 型 Fréchet 分布，令 $a_n = n^{\frac{1}{a}}$，$b_n = 0$，则

$$H_2^n(n^{\frac{1}{a}} x; a) = H_2(x; a)$$

对于极值 III 型 Weibull 分布，令 $a_n = n^{-\frac{1}{a}}$，$b_n = 0$，则

$$H_3^n(n^{-\frac{1}{a}} x; a) = H_3(x; a)$$

据以上推断可知，极值 II 型 Fréchet 分布与极值 III 型 Weibull 分布也都是最大值稳定分布。

Embrechts 等（1997）对极值分布的最大值稳定性进行更进一步研究，得

出结论：一个分布函数 $F(x)$ 是最大值稳定分布，当且仅当 $F(x)$ 是三种极值类型分布之一。

3.4　极值分布的最大值吸引场

Fisher & Tippet 极值类型定理表明，对于独立同分布的随机变量序列，如果规范化最大值分布的极限存在，则该极限分布一定是三种极限分布之一。

接下来需要讨论的问题是：对给定的极值分布 $H(x)$，未知的总体分布 $F(x)$（也称为底分布）应满足什么条件，才能保证规范化最大值变量依分布收敛于分布 $H(x)$。

设 $X_1, X_2, \cdots, X_n$ 是独立同分布（iid）的随机变量序列，总体分布函数为 $F(x)$，$M_n = \max\{X_1, X_2, \cdots, X_n\}$，若存在常数列 $\{a_n > 0\}$，$\{b_n\}$，满足

$$\lim_{n \to \infty} \Pr\left(\frac{M_n - b_n}{a_n} \leqslant x\right) = \lim_{n \to \infty} F^n(a_n x + b_n) \xrightarrow{d} H(x) \tag{3.11}$$

则称总体分布 $F(x)$ 处于 $H(x)$ 最大吸引域（main domain of attraction，MAD）中，记为

$$F_{\max} \in \mathrm{MDA}(H)$$

Gumbel 分布、Fréchet 分布及 Gumbel 分布这三种类型极值分布最大值吸引场的充分必要条件以及规范化参数，如表 3.1 所示。

表 3.1　三种类型极值分布最大值吸引场的充要条件以及规范化参数

Gumbel 分布的最大值吸引场 $\mathrm{MDA}(H_1(x))$	
Gumbel 分布	$H_1(x) = \exp\{-\exp(-x)\}$，$-\infty < x < +\infty$
$F_{\max} \in \mathrm{MDA}(H_1)$ 的充要条件	$x^* \leqslant \infty$，$\bar{F}(x) = c(x)\exp\left\{-\int_z^x \frac{g(t)}{a(t)}dt\right\}$，$z < x < x^*$ 其中，当 $x \to x*$，$c(x) \to c > 0$，$g(x) \to 1$，$a'(x) \to 0$
规范化常数	$a_n = a(b_n)$，$b_n = F^{-1}(1 - n^{-1})$
极限分布	$\lim_{n \to \infty} \Pr(M_n \leqslant a_n x + b_n) = H_1(x)$

Fréchet 分布的最大值吸引场 MDA($H_2(x;a)$)	
Fréchet 分布	$H_2(x;a) = \exp\{-x^{-\alpha}\}$，$x > 0$，$\alpha > 0$
$F \in \text{MDA}(H_2(x;a))$ 的充要条件	$x^* = \infty$，$\bar{F}(x) \in \mathscr{R}_{-a}$
规范化常数	$a_n = F^{-1}(1 - n^{-1})$，$b_n = 0$，
极限分布	$\lim_{n\to\infty} \Pr(M_n \leq a_n x) = H_2(x;a)$
Weibull 分布的最大值吸引场 MDA($H_3(x;a)$)	
Weibull 分布	$H_3(x;a) = \exp\{-(-x)^{-\alpha}\}$，$x < 0$，$\alpha < 0$
$F \in \text{MDA}(H_3(x;a))$ 的充要条件	$x^* < \infty$，$\bar{F}(x^* - x^{-1}) \in \mathscr{R}_{-a}$
规范化常数	$a_n = x^* - F^{-1}(1 - n^{-1})$，$b_n = 1$，
极限分布	$\lim_{n\to\infty} \Pr(M_n \leq a_n x + x^*) = H_3(x;a)$

表 3.1 中的相关证明可详见 Embrechts 等（1997）、Leadbetter 等（1983）、Resnick（1987）、Galambos（1987）等文献。

在常见的分布中，指数分布、正态分布、对数正态分布、Gamma 分布及古典的威布尔分布等均属于 Gumbel 分布的最大值吸引场 MDA($H_1(x)$)；Cauchy 分布、Pareto 分布、Burr 分布、α- 稳定分布（$\alpha < 2$）及对数 Gamma 分布均属于 Fréchet 分布的最大值吸引场 MDA($H_2(x;a)$)；均匀分布、逆 Pareto 分布和 Beta、逆 Burr 分布及其他尾部为幂律的分布等则均属于 Weibull 分布的最大值吸引场 MDA($H_3(x;a)$)。

以上常见分布所属的最大值吸引场以及规范化常数可参见史道济（2006）编著的《实用极值统计方法》中的表 2.1 ~ 表 2.3，史道济在有关文献整理的基础上对其进行了较完整归纳。

3.5 本章小结

概率意义上的极值表示随机变量的极端变异性，而极值理论中的极值特指某一集合内数据的差异性。极值理论通过研究样本极值的渐近分布推出未知的总体分布 $F(x)$。极值类型定理意味着标准化后的极值的渐近分布必定属于 Gumbel、Fréchet 或 Weibull 这三种极值分布类型之一，该定理奠定了极值理论的核心内容，成为极值理论渐近分布原理的基础。

本章还研究了三种类型极值分布的最大值稳定性，以及三种类型极值分布最大值吸引场的充要条件和规范化参数。在三种极值分布中，Fréchet 分布具有尖峰厚尾的统计特征，由于大多数金融资产收益率均服从 Fréchet 分布，故据其建模可更准确地度量金融风险的极端水平。

4 区间极值模型

既然分布极限可以解释为当样本空间趋于无穷时的逼近,那么利用极值分布必能刻画一个序列中极大值或极小值分布。而且,这种渐近模型可避免较大估计误差的产生,因为传统统计技术利用样本观测值来估计未知的总体分布,微小估计误差在估计极大值或极小值分布时将被严重放大。

4.1 广义极值分布

为避免模型预设错误,Von Mises(1954)和 Jenkinson(1955)将 Gumbel、Fréchet 与 Weibull 三个标准极值分布经过适当变换,归纳为以下一个单参数的分布族

$$H(x;\xi) = \begin{cases} \exp(-(1+\xi x)^{-\frac{1}{\xi}}), & \xi \neq 0 \\ \exp(-\exp(-x)), & \xi = 0 \end{cases} \qquad (4.1)$$

其中,当 $\xi \neq 0$ 时, $1+\xi x > 0$, $\alpha = \left|\dfrac{1}{\xi}\right|$,满足上式的 $H(x)$ 即称为广义极值分布(generalized extreme value distribution),简记为 GEV 分布。

当引进位置参数(location parameter) μ 和尺度参数(scale parameter) σ 后,GEV 分布 $H(x;\xi)$ 扩展为具有三个自由度的分布 $H(x;\mu,\sigma,\xi)$

$$H(x;\mu,\sigma,\xi) = \begin{cases} \exp\left(-\left(1+\xi\dfrac{x-\mu}{\sigma}\right)^{-\frac{1}{\xi}}\right), & \xi \neq 0 \\ \exp\left(-\exp\left(-\dfrac{x-\mu}{\sigma}\right)\right), & \xi = 0 \end{cases} \qquad (4.2)$$

式中, ξ 为形状参数,也称之为 GEV 分布的极值指数(extremen value index,EVI), ξ 值越大则尾分布越厚,收敛速度越慢, ξ 值大小决定 GEV 分布的具体

类型：

当 $\xi < 0$ 时，$H(x)$ 为 Weibull 分布；

当 $\xi = 0$ 时，$H(x)$ 为 Gumbel 分布；

当 $\xi > 0$ 时，$H(x)$ 为 Fréchet 分布。

3.2 节已说明，鉴于 Fréchet 分布与金融风险厚尾尖峰的实际分布相符合的统计特性，据其建模可更准确地度量金融风险的极端水平及其发生的概率，故本书以下所考虑的均为 $\xi > 0$ 的情况。

根据式（4.2）可推得 GEV 分布的密度函数为

$$\begin{cases} h(x;\mu,\sigma,\xi) = \dfrac{1}{\sigma}\exp\left\{-\left(1+\xi\left(\dfrac{x-\mu}{\sigma}\right)\right)^{-\frac{1}{\xi}}\right\}\left(1+\xi\left(\dfrac{x-\mu}{\sigma}\right)^{-\left(1+\frac{1}{\xi}\right)}\right), & \xi \neq 0 \\[4mm] h(x;\mu,\sigma,\xi) = \dfrac{1}{\sigma}\exp\left\{-\dfrac{x-\mu}{\sigma}-e^{-\frac{x-\mu}{\sigma}}\right\}, & \xi = 0 \end{cases}$$

$$(4.3)$$

Fisher & Tippett 极值类型定理为 GEV 分布的应用提供了理论支撑。根据极值类型定理，如果已知标准化的极大值序列依分布收敛，那么其极限分布一定是参数 ξ，μ，σ 取某个特定值的广义极值分布 $H(x;\mu,\sigma,\xi)$。

统计上几乎所有的常用连续分布都处于 GEV 分布的最大吸引场中，如 3.4 节所提到的正态分布、Gamma 分布、指数分布、对数正态分布、均匀分布、Beta 分布、柯西分布、t 分布、Pareto 分布以及各种混合分布等。

4.2　区间极大值与极小值模型

区间极大值模型（block maxima method，BMM）是极值理论最传统的模型，其采用区间取值法（block method），即将一列独立随机观测序列 X_1，X_2，$\cdots$，X_n，按照时间、长度或其他一定标准分隔为若干互不重叠的小区间：$[X_1, X_{1+k}]$，$[X_{2+k}, X_{2+2k}]$，$\cdots$，$[X_{n-k}, X_n]$，然后每个区间选取一个极大值，以这些极大值构成的极值样本数据序列进行 GEV 分布拟合，在总体分布 $F(x)$ 未知的情况下，对参数 (ξ,μ,σ) 进行假设推断，进而间接得到总体分布。

极大值 BMM 模型同样适于极小值的极限分布。如果已知标准化的极小值序列依分布收敛，那么其极限分布一定是参数 (ξ,μ,σ) 取某个特定值的 $H(x)$。

极小值的极限分布模型可直接根据极小值的 GEV 分布建模，也可利用极大值与极小值存在的一一对应关系推导出。

设 $X_1,X_2,\cdots,X_n$ 为一独立同分布随机变量，未知总体分布 $F(x)$，a_n、b_n 为规范化常数，由于 $\min\{X_1,\cdots,X_n\} = -\max\{-X_1,\cdots,-X_n\}$，

即

$$\lim_{n\to\infty}\Pr\left(\max_{i\le n}(-X_i)\le a_n x + b_n\right) = H(x)$$

则

$$\lim_{n\to\infty}\Pr\left(\min_{i\le n}X_i\le c_n x + d_n\right) = 1 - H(-x)$$

式中，$c_n = a_n$，$d_n = -b_n$，引进位置参数 $\bar{\mu} = -\mu$ 和尺度参数 σ 后，极小值渐近极限分布为

$$\bar{H}(x;\bar{\mu},\sigma,\xi) = 1 - \exp\left(-\left(1 + \xi\frac{x-\bar{\mu}}{\sigma}\right)^{\frac{1}{\xi}}\right) \tag{4.4}$$

这里，对于 $\xi \ne 0$，有 $1 + \dfrac{\xi(x-\bar{\mu})}{\sigma > 0}$。

4.3　区间极值模型参数及高分位数估计

4.3.1　参数估计

4.3.1.1　极大似然估计方法

Fisher（1922）提出的极大似然估计法（maximum likelihood estimation, MLE），具有无偏性、有效性和一致性等良好的大样本性质，且估计推断也易于应用在复杂模型中，故成为 BMM 模型中 GEV 分布参数估计最常应用的方法。

设 $X_1,X_2,\cdots,X_T$ 为来自总体分布 $F(x)$ 的某一随机变量序列，其按等间距长度 n 被划分为 m（$m = \dfrac{T}{n}$）个区间：

$$[X_1, \cdots, X_n \mid X_{n+1}, \cdots, X_{2n} \mid \cdots \mid X_{(m-1)n+1}, \cdots, X_{mn}]$$

令 $M_n^{(j)}$ 表示区间 $j = 1, \cdots, m$ 的极大值，则当区间长度 n 足够大到可被 Fisher-Tippet 极值类型定理支撑时，区间最大值序列 $\{M_n^{(1)}, \cdots, M_n^{(m)}\}$ GEV 分布拟合时的最大似然估计对数函数为

$\xi \neq 0$ 时

$$Ln(\xi, \mu, \sigma) = -m\log(\sigma) - \left(1 + \frac{1}{\xi}\right) \sum_{i=1}^{m} \log\left(1 + \xi\left(\frac{M_n^{(i)} - \mu}{\sigma}\right)\right)$$

$$- \sum_{i=1}^{m} \left(1 + \xi\left(\frac{M_n^{(i)} - \mu}{\sigma}\right)\right)^{-\frac{1}{\xi}} \qquad (4.5)$$

$\xi = 0$ 时

$$Ln(\mu, \sigma) = -m\log(\sigma) - \sum_{i=1}^{m} \left(\frac{M_n^{(i)} - \mu}{\sigma}\right) - \sum_{i=1}^{m} \exp\left(-\left(\frac{M_n^{(i)} - \mu}{\sigma}\right)\right) \quad (4.6)$$

问题在于，从极大值 M_n 的 GEV 分布函数或概率密度函数可看出：当 $\xi > 0$ 时，分布的下确界为 $\frac{(\mu - \sigma)}{\xi}$；当 $\xi < 0$ 时，分布的上确界为 $\frac{(\mu - \sigma)}{\xi}$，GEV 分布的边界是其参数的函数，不能满足其极大似然估计量渐近有效的所需的正则条件（regular variation）[①]。非正则性意味着不能直接使用标准的渐近似然结论，不能直接极大化 $Ln(\xi, \mu, \sigma)$ 得到相应的 (ξ, μ, σ) 估计值。

Smith（1985）的研究解决了以上问题，他发现：

当 $\xi > -0.5$ 时，极大似然估计是正则的，即具有通常的渐近性质；

当 $-1 < \xi < -0.5$ 时，虽然存在极大似然估计，但不满足标准的渐近性质；

当 $\xi < -1$ 时，极大似然估计不存在，此时的 GEV 分布具有非常短的上尾，但这种情形在统计分析中很少见。

Smith 理论表明，虽然 GEV 分布不满足正则条件，在使用极大似然估计法

[①] 当 $\dfrac{\lim\limits_{t \to \infty}(1 - F(tx))}{(1 - F(t))} = x^{-a}$ 成立时，则称函数 $F(x)$ 是正则变化的，其中，$x > 0$，$a > 0$，a 为分布的尾部指数。正则变化意味着随机变量 x 大于 a 的无条件矩是外界的，正是在这个意义上认为具有正则变化特征的分布是厚尾分布。

时存在理论上的缺陷，但并不妨碍极大似然估计法在极值模型中的应用。而且，在实际的极值建模中，$\xi < -0.5$ 的情况很难遇到，尤其是在金融领域，存在 $\xi > 0$ 的情况。

显然，式（4.5）、式（4.6）的对数似然函数方程不存在解析解，但对于给定的数据，用数值计算方法则可以得到参数的极大似然估计值。但在求解过程中始终要求：

$$1 + \xi\left(\frac{(M_n^{(i)} - \mu)}{\sigma}\right) > 0, \quad i = 1, \cdots, k$$

否则，似然函数值为零，对应的对数似然函数值为 $-\infty$。

关于极大似然估计的细节部分可参考 Fisher（1922）、Embrechts 等（1997）等相关文献。

极值模型中极大似然估计（MLE）的有限样本性质依赖于区间 m 的个数或区间长度 n 的大小。区间长度 n 越大，MLE 的偏差就越小，但 MLE 的方差则越大；反之，区间长度 n 越小，MLE 的偏差就越大，但 MLE 的方差则越小。故在极值模型中应用 MLE 时要根据实际情况综合平衡偏差与方差这两个因素。

相应的，参数 (ξ, μ, σ) 估计值的置信区间可由估计量的渐近正态性得到。当存在讨厌参数（nuisance parameter）时，也可用轮廓似然函数（profile log-likelihood function）构造感兴趣参数的置信区间。如在 GEV 分布中，利用轮廓似然函数求最感兴趣参数 ξ 的置信区间的基本步骤如下：

1）构造形状参数 ξ 的轮廓似然函数：

$$l_n(\xi) = \max_\theta(\xi, \theta) \tag{4.7}$$

式中，θ 表示形状参数 ξ 以外的其他待估计参数，即讨厌参数，这里具体指参数 μ 与 σ；

2）极大化式（4.7），求得形状参数 ξ 的轮廓似然估计 $\hat{\xi}$；

3）由相关定理得形状参数 ξ 的 $1 - \alpha$ 置信区间 C_ξ 为

$$C_\xi = \{\xi : D(\xi) \leq c_{1-\alpha}\} \tag{4.8}$$

$$D(\xi) = 2\{l(\hat{\xi}) - l(\theta)\} \sim \chi_k^2 \tag{4.9}$$

式中，$c_{1-\alpha}$ 是自由度为 1 的 χ^2 分布的 $1 - \alpha$ 分位数，D 是轮廓偏差。

4.3.1.2 概率加权矩估计法

概率加权矩估计法（probability-weighted moments，PWM）也叫概率权重矩估计法，由 Hosking 等（1985）提出，只适用于 $\xi < 1$ 的情形，其中的概率权重矩则是 Greenwood 等（1979）定义的一种以含幂次的概率值作为权重乘以变量 X 来计算的新的矩。

设 $X_1, X_2, \cdots, X_n$ 为一独立同分布的随机变量，其次序统计量为 $X_{(1)} < X_{(2)} < \cdots < X_{(n)}$ ，总体分布函数为 $F(x)$ ，密度函数为 $f(y)$ ，a_0 为分布的起始点，则概率权重矩定义为

$$
\begin{aligned}
W_{i,j,k} &= E\{x^i F^j(x)(1 - F(x))^k\} \\
&= \int_0^1 x^i F^j(x)(1 - F(x))^k \mathrm{d}F(x)
\end{aligned} \tag{4.10}
$$

令 $i = 1$ ，$k = 0$ ，及 $j = 0, 1, 2$ ，则

$$
\begin{cases}
W_{1.0.0} = \int_0^1 x \mathrm{d}F(x) = \int_0^1 x f(x)\,\mathrm{d}x = \bar{x} \\
W_{1.1.0} = \int_0^1 x F(x)\,\mathrm{d}F(x) = \int_0^1 x F(x)f(x)\,\mathrm{d}x \\
W_{1.2.0} = \int_0^1 x F^2(x)\,\mathrm{d}F(x) = \int_0^1 x F^2(x)f(x)\,\mathrm{d}x
\end{cases} \tag{4.11}
$$

以 W_j 表示 $i = 1$ ，$k = 0$ 时的概率权矩，则在 GEV 分布的参数估计中，当形状参数 $\xi \geq 1$ 时，W_0 为无穷，故只考虑 $\xi < 1$ 且 $\xi \neq 0$ 时的情况，则有

$$
W_j(\theta) = E(XH^j) = \frac{1}{j+1}\left\{\mu - \frac{\sigma}{\xi}(1 - \Gamma(1 - \xi)(j+1)^\xi)\right\} \tag{4.12}
$$

式中，$\Gamma(t) = \int_0^\infty e^{-u} u^{t-1}\mathrm{d}u, t > 0$ ，表示 Gamma 函数，当 $j = 0, 1, 2$ 时，可得

$$
\begin{cases}
W_0(\theta) = \mu - \dfrac{\sigma}{\xi}(1 - \Gamma(1 - \xi)) \\
2W_1(\theta) = \mu - \dfrac{\sigma}{\xi}(1 - \Gamma(1 - \xi)2^\xi) \\
3W_2(\theta) = \mu - \dfrac{\sigma}{\xi}(1 - \Gamma(1 - \xi)3^\xi)
\end{cases} \tag{4.13}
$$

得

$$\frac{3W_2(\theta) - W_0(\theta)}{2W_1(\theta) - W_0(\theta)} = \frac{3^\xi - 1}{2^\xi - 1} \qquad (4.14)$$

求解式（4.14）得 ξ 的估计 $\hat{\xi}$，进而可得 μ 与 σ 的估计 $\hat{\mu}$ 和 $\hat{\sigma}$。

概率加权矩估计法具有简便易行的优点，在随机模拟中也表现出较好的结果，但在理论层面缺乏有力的支撑，故尚未被普遍地接受与应用。

4.3.2　高分位数的估计

VaR 是 Value at Risk 的缩写，可译为风险价值或在险价值，菲利普·乔瑞（2005）将其定义为在市场正常波动下，某一金融资产或资产组合的最大可能损失。更为确切的是指在一定置信度水平下，某一金融资产或资产组合在未来特定的一段时间内的最大可能损失。可表示为

$$\mathrm{Prob}(\Delta P > \mathrm{VaR}) = 1 - c \quad 0 < c < 1 \qquad (4.15)$$

式中，ΔP 为金融资产或资产组合在特定持有期 Δt 内的损失，c 为显著性水平，VaR 为置信水平 $1 - c$ 下的风险价值。

由 VaR 定义可推出其一般的表达式。

设 W 为资产组合的初始价值，R 为持有期末的期望收益，μ 与 σ 分别是 R 的数学期望和标准差，在给定的显著性水平 c 下，R^* 为相应的最低收益率（一般为负值），则期末资产组合的最低值 W^* 为

$$W^* = W(1 + R^*)$$

则有

$$\mathrm{VaR} = E(W) - W^* = - W(R^* - \mu)$$

由 VaR 定义，则

$$c = \int_{W^*}^{+\infty} f(W)\,\mathrm{d}W$$

等价于

$$1 - c = \int_{-\infty}^{W^*} f(W)\,\mathrm{d}W$$

若资产组合的价值 W 服从正态分布，α 为标准正态分布相应的分位数，则有

$$1 - c = \int_{-\infty}^{W^*} f(W)\,dW = \int_{-\infty}^{-|R^*|} f(r)\,dr = \int_{-\infty}^{\alpha} \varphi(\varepsilon)\,d\varepsilon \qquad (4.16)$$

从 VaR 定义可看出，VaR 在数学上表示为单个资产或资产组合损益分布的分位数（α-quantite），即损益分布满足一定概率的分位点。鉴于金融风险对整个经济系统存在重要影响，风险管理者与外部监管部门一般都选择一个具有较高安全性的标准。如商业银行通常选取 95% 置信水平，而监管部门则选取更高的标准，如巴塞尔委员会选择 99% 的置信水平。因此，从统计上来看，VaR 实质上就是资产及其组合的损益分布函数的一个高的分位点数。

与金融机构传统防范风险的方法相比，VaR 具有以下几个方面的显著优势，因而被国际金融界广泛接受。

第一，传统上用波动性指标（如方差或标准差）衡量风险的标准只是一个点估计值，VaR 引入置信水平的概念，将预期的损失量与该损失发生的可能性结合起来，使风险管理者不仅能掌握发生损失的水平，而且明确其发生的概率。

第二，对于包含多种类型资产（如贷款、股票、期货、期权等）的投资组合，可以直接测算出投资组合的风险值。

第三，VaR 方法中，风险值以资产的损益金额为风险衡量指标，较以往风险估计值更清楚明白地表达了投资人所面临的风险。此外，用货币单位的最大期望损失度量风险，增强了各资产和风险因素之间的风险大小的可比性和一致性。

巴塞尔委员会在 1998 年的资本协议修正案中，提出使用 VaR 系统度量风险，并以其度量结果来确定银行资本充足率的标准。美国三大金融监管机构（货币监理署、联邦储备体系、联邦存款保险公司）决定，自 1998 年 1 月 1 日起，美国所有银行都必须实行基于 VaR 的风险管理方法，并定期上报评估结果，作为风险监管的重要指标。2004 年的《新巴塞尔资本协议》（*The New Basel Capital Accord*）也主张银行在建立基于内部评级的信用风险的度量模型时采用 VaR 技术。

VaR 的核心在于如何确定资产与其组合收益的分布，围绕此核心问题，目前已形成三种计算 VaR 的基本方法：方差—协方差法、历史模拟法和蒙特卡罗模拟法。

1）方差—协方差法。方差—协方差法（variance-covariance method，VC）是 VaR 最早使用到的方法，也是最标准的方法，被许多金融机构广泛使用。

该方法假设单个资产或资产组合的价值变化服从正态分布，若以 α 表示显著性水平，即标准正态分布下置信度对应的分位点，V 表示资产的当前价值，σ 表示标准差，即资产价格的波动性，则单个资产一日内的 VaR 可计算为

$$\text{VaR} = \alpha\sigma V$$

对不同持有期的 VaR，在某些严格的假设条件下，单个资产 T 日内的 VaR 则可由日 VaR 推导出

$$\text{VaR}_T = \text{VaR}\sqrt{T} = \alpha\sigma V\sqrt{T}$$

设 σ_p 为 m 个资产组合 P 的标准差，w_i、w_j 分别是资产组合中资产 i 与 j 所占比重，σ_i、σ_j 分别是资产 i 与 j 的标准差，ρ 是资产 i 与 j 之间的相关系数，则资产组合的方差为

$$\sigma_p = \sqrt{\sum_{i=1}^{m}\sum_{j=1}^{m} w_i w_j \sigma_i \sigma_j}$$

将 σ_p 代入上式，即得组合 P 的 VaR。

方差—协方差法是在影响风险的因子服从多元正态分布的假设下，利用资产回报的方差—协方差矩阵进行计算，属于参数方法。根据组合的极值函数形式与风险因子的不同假设，方差—协方差法有着不同的模型类型：Delta-正态模型、Delta-加权正态模型、Delta-GARCH 模型、Gamma-正态模型等。然而，方差—协方差方法要求计算的协方差非常庞大，计算量也大得惊人，这造成很大的计算负担。

2）历史模拟法。历史模拟法（historical simulation method，HS）是一种基于经验的非参数方法，假设资产或资产组合未来收益变化与过去是一致的，利用资产或资产组合的历史数据计算现有资产或资产组合的 VaR 值。

设 w_o 是资产组合收益权重，$\bar{R}_P$ 是样本收益率的均值，R^* 是显著性水平 α 的下分位点的收益率，则组合的 VaR_P 为

$$\mathrm{VaR}_P = w_0(\bar{R}_P\Delta t \to R^*)$$

HS 法不需要对分布做出假设，它从历史的收益率序列中取样，避免了模型风险，是一种稳健直观的方法。巴塞尔委员会（Basle Committee）1993 年就是采用此方法作为基本的风险度量方法。

HS 法比方差—协方差方法简单直观，易于操作，是一种简单的非参数方法。但 HS 法无法对未来突发性事件作出及时的预测，不能提供超过所观测样本中最大损失的预期损失，而且当置信度水平很大时，样本容量足够大才能计算出 VaR，因此效率比较低。

3）蒙特卡罗模拟法。蒙特卡罗模拟法（Monte Carlo Simulation Method，MC）亦称为随机模拟方法，与 HS 法非常相似，不同的是蒙特卡罗用计算机模拟出来的数值来代替风险的历史观察值。

蒙特卡罗模拟中，假设资产价格变化服从一个基本的随机过程，几何布朗运动是最典型的随机形式。下为几何布朗运动微分形式：

$$\mathrm{d}S_t = \mu_t S_t \mathrm{d}t + \sigma_t S_t \mathrm{d}W_t$$

式中，W_t 是一个标准维纳（wiener）过程，μ_t 与 σ_t 分别是漂移参数和标准差。求解此方程，得

$$S_t = S_0\exp\left(\left(\mu_t - \frac{1}{2}\sigma^2\right)t + \sigma_t W_t\right)$$

式中，S_0 是 0 时刻的资产价值。模拟 S_t 的过程被简化为模拟 W_t 的过程，进而可创建资产价值变化的概率分布，最后可直接找到所需的分位点作为 VaR 值。

蒙特卡罗法能较好地处理非线性问题，还适于方差波动、厚尾分布等情况，但蒙特卡罗法的主要问题在于，用来产生随机数据的随机过程具有一定的主观性，不同的操作者会选择不同的随机过程，如白噪声、自回归或双线性等。另外，该方法的计算量太大，当维数高时，传统的抽样技术变得非常困难，使得蒙特卡罗法难以实现。

VaR 考虑资产回报的全部分布，与之不同，极值理论只注重对分布尾部

的近似描述，针对随机过程中的厚尾部分。而且，极值理论作为一种参数估计方法，不需要假设一个回报的初始分布，可以在总体分布未知的情况下，依靠样本数据外推得到总体中极值的变化性质，克服了传统统计方法不能越过样本数据进行分析的局限。所以，将极值理论引入到 VaR 计算中，可弥补 VaR 正态性理论假设的不足，更好地刻画风险尾部分布，提高极端风险测度的精确性。

令 P 为显著性水平，表示潜在损失超过一定限度的可能性，VaR_p 为极小值在 GEV 分布条件下的 P 分位数，则根据极小值的极限分布 $\overline{H}(x)$ 得

$$\log(1-p) = -\left(1 + \frac{\xi(x-\overline{\mu})}{\sigma}\right)^{\frac{1}{\xi}}, \quad \xi \neq 0 \tag{4.17}$$

推得

$$VaR_p = \overline{\mu} - \frac{\sigma}{\xi}(1 - (-\log(1-p))^{\xi}), \quad \xi \neq 0 \tag{4.18}$$

值得注意的是，式（4.18）只是子区间最小值在极限为一般极值分布条件下的 P 分位数，尚不是观测的极值序列的 P 分位数 VaR_p。在 BMM 模型中，由于样本区间被分解为 n 个互不相交的同长度的子区间，n 的长度或子区间的个数必将影响到 VaR_p 的大小。

由 $F_{\overline{M}_n} = 1 - (1-F(x))^n$ 及序列的独立分布性可得

$$F(x) = P(x_{n,i} \leq VaR_p) = 1 - (1 - P(x_i \leq VaR_p))^n$$

即等价于

$$1 - P = (1 - P(x_i \leq VaR_p))^n$$

上式表明了子区间最小值 VaR_p 与观测的极值序列之间存在的明确关系。更精确地，对一个既定的很小的下尾概率，据上式观测的极值序列的 P 分位数即为 VaR_p（Ruey，2002）。故对给定的小概率 P，极小值序列的 VaR_p^*（$\xi > 0$ 时）则为

$$VaR_p^* = \overline{\mu} - \frac{\sigma}{\xi}(1 - (-n\log(1-p))^{\xi}), \quad \xi \neq 0 \tag{4.19}$$

同理，由极大值分布或与极小值一一相对应的关系，可得 $\xi > 0$ 时极大值序列的 VaR_p^*

$$VaR_p^* = \mu - \frac{\sigma}{\xi}(1 - (-n\log(1-p))^{-\xi}), \quad \xi \neq 0 \qquad (4.20)$$

在水文学中，VaR_p^* 也可称之为重现期为 $\frac{1}{P}$ 的重现水平，若 $F(x)$ 表示年

最大值分布，则平均每 $\frac{1}{P}$ 年就会出现一次超过 VaR_p^* 的事件，更准确地说，

在任意一年中，年最大值将以概率 P 超过 VaR_p^*。

4.4　沪深股市极端风险实证分析

4.4.1　指标与样本数据的选取

本节以具有相同统计口径的综合指数作为分析指标，沪市与深市不同之处
在于新股上市时，一个月后方列入综合指数计算范围。考虑到简单收益率的正
态性假设违背了有限负债原则，且多期收益却不服从正态分布，故选取具有良
好统计特性的对数收益率形式

$$R_t = \log\frac{P_t}{P_{t-1}} \times 100, \quad t = 1,2,\cdots,n$$

式中，P_t 与 P_{t-1} 分别为 t 及 $t-1$ 前一时刻的综合指数，为计量便利，R_t 放大100
倍。

数据选取：1996 年 12 月 26 日至 2008 年 3 月 12 日，除去闭盘期，沪市统
计数据 2715 个，深市 2703 个，数据来源于中国金融研究中心数据库及雅虎财
经网。之所以取自 1996 年 12 月 26 日后的数据，是因为自此日始实行 10% 涨
跌停板制度（raising limit），这样沪深股市极值风险数据结构出现了质的区别，
须分阶段对待。

4.4.2　BMM 模型条件检验

偏态性检验：表 4.1 为沪深 $\{R_t\}$ 序列的统计特征值，可看出两序列均值

都较小，标准差却较大，为明显的左偏、尖峰分布，同时 JB 值均明显大于两个自由度的 χ^2 统计量的分布临界值，也验证了 $\{R_t\}$ 序列的偏态性。

表 4.1 沪深 $\{R_t\}$ 序列统计特征值

	沪	深		沪	深
均值	0.055 8	0.054 9	标准差	1.617 5	1.735 7
中位数	0.063 3	0.113 0	偏度	−0.310 7	−0.412 6
最大值	9.401 4	9.243 8	峰度	8.577 8	7.687 2
最小值	−11.303 7	−10.262 9	JB 值	3 563.234 0	2 551.020 0

独立性检验：沪深 $\{R_t\}$ 序列的 BDS（independence test）检验结果见表 4.2，两市 $\{R_t\}$ 序列的 BDS 统计量均为正值，表明沪深 $\{R_t\}$ 序列均不遵从随机游走过程，出现聚集现象，为非独立分布。

表 4.2 沪深 $\{R_t\}$ 序列 BDS 检验

维度		2	3	4	5	6
BDS 统计量	沪	0.018 246	0.037 786	0.052 388	0.060 618	0.064 026
	深	0.020 969	0.041 990	0.057 225	0.067 019	0.071 033
标准差	沪	0.001 773	0.002 810	0.003 338	0.003 472	0.003 340
	深	0.001 737	0.002 758	0.003 283	0.003 420	0.003 296
z 统计量	沪	10.292 82	13.664 34	15.692 93	17.461 33	19.167 59
	深	12.072 98	15.222 59	17.432 34	19.598 72	21.551 63

注：BDS 统计量 $W(N,m,r) = \sqrt{N}\left(\dfrac{C(N,m,r) - C(N,1,r)^m}{\hat{\sigma}(N,m,r)}\right) \longrightarrow N(0,1)$，式中，$\hat{\sigma}(N,m,r)$ 为 $C(N,m,r) - C(N,1,r)^m$ 渐近标准差估计，n 为样本容量，m 为嵌入维数，z-Statistic 为检验统计值。

平稳性检验：表 4.3 ADF（Augmented Dickey-Fuller Test）检验结果表明沪深 $\{R_t\}$ 序列的 t 统计量值均小于各自序列显著性水平为 10% 时的临界值，故拒绝存在单位根的原假设，沪深 $\{R_t\}$ 序列均为平稳的。

检验结果表明：沪深 $\{R_t\}$ 序列均为偏态、非独立但平稳的分布。

极值模型存在序列数据为相互独立的前提条件，沪深 $\{R_t\}$ 序列却为非独立分布。而且，实际中的高频金融时间序列往往都具有较显著的相关性，这与大多数资产收益率序列或是无关或是微弱相关的特性有着很大的区别。Leadbetter 等（1983）、McNeil（1998）等学者针对此问题进行了研究，他们发现在平稳序列中，可以将相隔足够远的极值事件当作近似独立的条件，那么这种平稳序列的极值的渐近分布与有相同边缘分布的独立同分布序列的是一样的。这种渐近独立条件可称之为 $D(u_n)$，详见 6.2 节①。

表 4.3　深沪序列 $\{R_t\}$ ADF 检验

Augmented Dickey-Fuller 统计量		t 统计量		Prob.
		沪	深	沪、深
		− 52. 464 29	− 50. 562 42	0. 000 0
检验临界值	1% 显著性水平	− 3. 432 571	− 3. 432 582	
	5% 显著性水平	− 2. 862 407	− 2. 862 412	
	10% 显著性水平	− 2. 567 276	− 2. 567 279	

BMM 模型按区间取极值，只要序列满足平稳分布的条件，当子区间足够长时，即极值数据间隔足够远时，即满足序列的渐近独立性条件。所以，沪深 $\{R_t\}$ 序列虽然不具独立性，但其为平稳分布，故符合 BMM 模型条件要求。

4.4.3　拟合检验及参数估计

选择子区间长度为 $n = 31$ 天②，沪深两市均得到 132 个极值数据。极值数据平均间隔期约为 40 天以上，满足 $D(u_n)$ 条件。图 4.1、图 4.2 分别为沪深两市极大值（左）与极小值（右）序列的波动图（上）与直方图（下），其中，极小值序列已加负号处理。

---

① 在 BMM 模型中，若序列为平稳分布，只要子区间长度足够大，$D(u_n)$ 条件很容易得到满足，可直接应用 BMM。但在 POT 模型中，极值数据很接近的概率可以忽略的 $D(u_n)$ 条件在实际中却很难得到满足，此时需要引入极值指标来处置。有关内容详见 6.3、6.4 节。

② BMM 模型中的区间划分目前尚无统一的方法，一般是根据样本数据的结构特征或时期属性划分的。本节是在比较不同区间长度的拟合状态后选择 31 天为单位的；另外，31 天是除去闭盘日后按实际天数计算的，故这里不称之为一个月，按实际开盘日，一个月天数则约为 21 天。

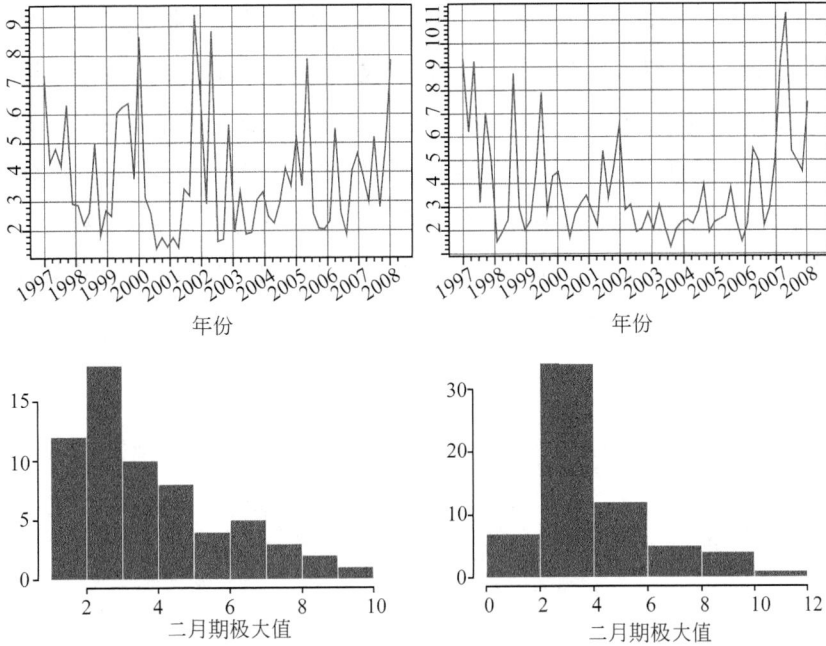

图 4.1 沪序列 $\{R_t\}$ 极大值与极小值序列波动图与直方图 ($n = 31$)

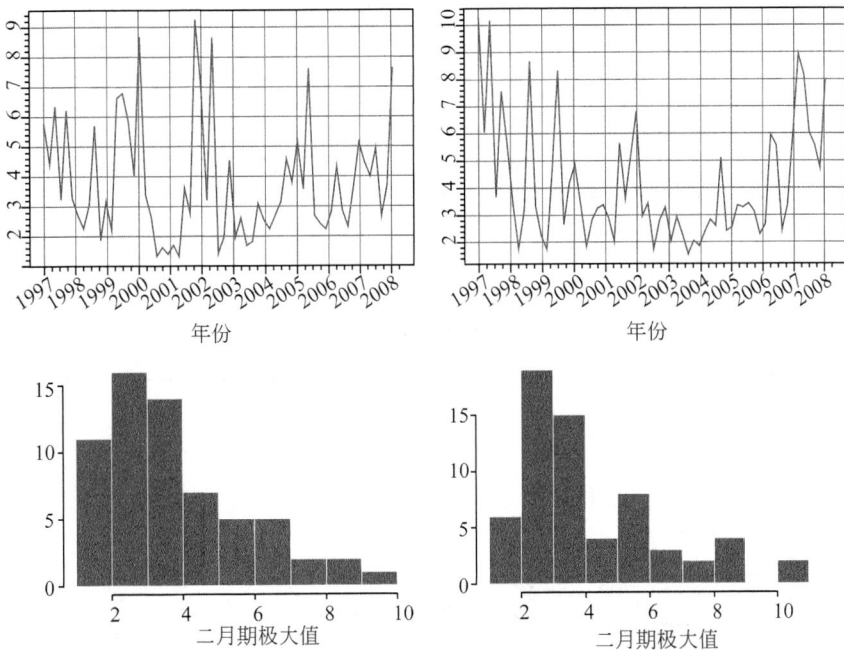

图 4.2 深序列 $\{R_t\}$ 极大值与极小值序列波动图与直方图 ($n = 31$)

    BMM 模型受子区间长度影响，子区间较长时，极值数据较少，对厚尾的刻画精度较高，但拟合误差也随之增大，故需对子区间长度取值进行拟合检验。图4.3、图4.4 分别为沪深序列上尾部（上图）及下尾部（下图）的残差散点分布图（左图）、残差分位数——分位数图（右图）。在残差散点分布图中，拟合曲线穿过散点最密集的部分，同时在残差分位数——分位数图中散点紧密围绕直线分布，表明以 31 天为单位取极值时 BMM 模型拟合状态较好。

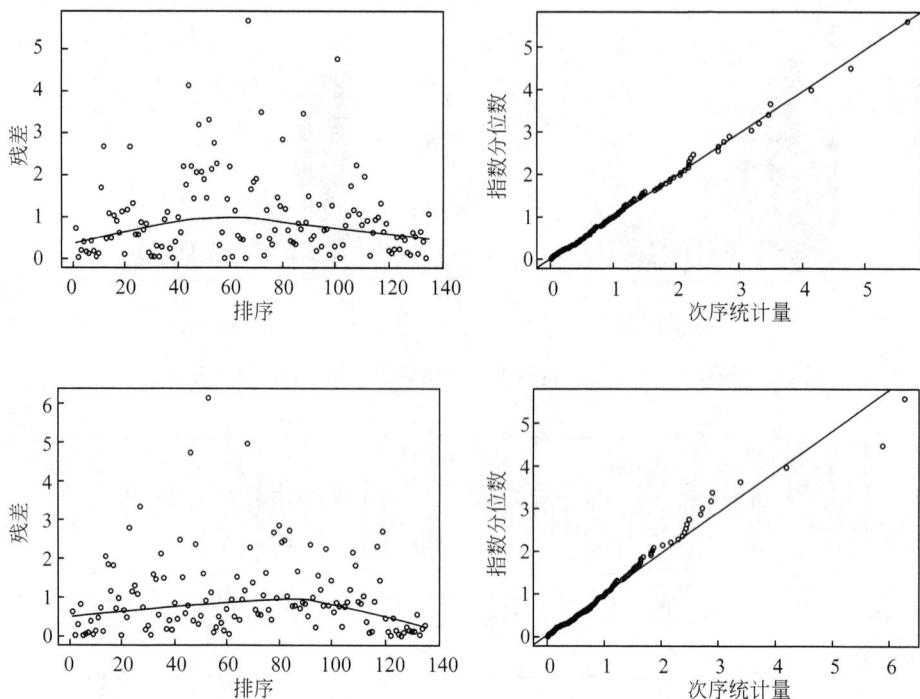

图4.3　沪上、下尾部残差散点分布图与残差 QQ 图

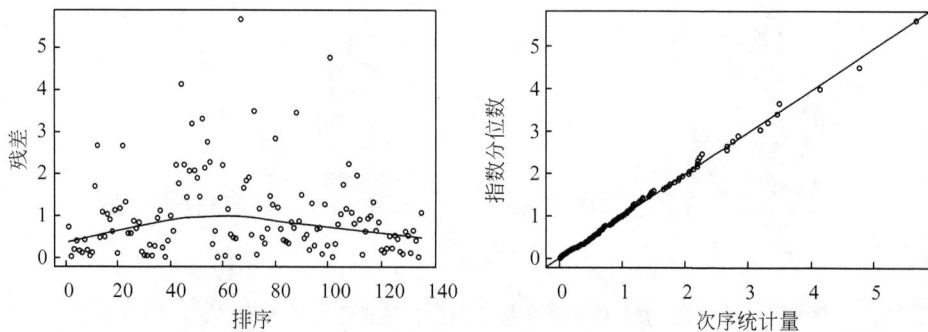

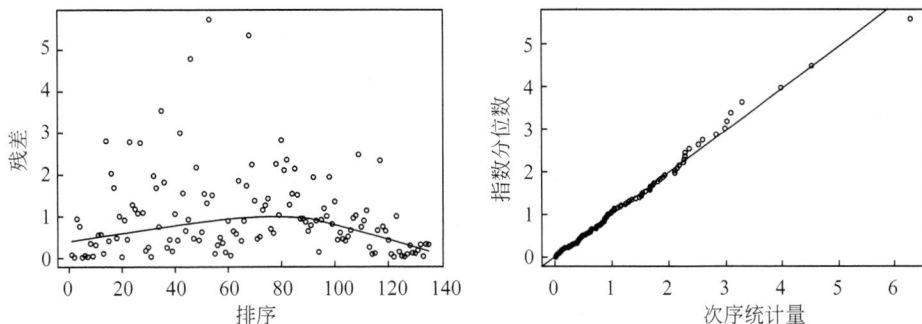

图 4.4　深上、下尾部残差散点分布图与残差 QQ 图

GEV 分布虽然不满足正则条件，但并不妨碍极大似然估计法（MLE）在 BMM 模型中的应用，此点已在 4.3 节进行了详细阐述。现利用极大似然估计法（MLE）估计沪深两市极大值与极小值序列 GEV 分布拟合的参数，估计结果见表 4.4，表中负收益率数据均已转为正数处置，下文均同①。

表 4.4　沪深 $\{R_t\}$ 序列尾部参数估计值

参　数		ξ			σ		
		值	标准差	t 值	值	标准差	t 值
沪	下尾	0.265 7	0.068 8	3.862 2	1.002 8	0.080 6	12.448 0
	上尾	0.261 8	0.082 8	3.160 0	0.975 5	0.081 4	11.980 5
深	下尾	0.267 2	0.075 5	3.540 9	1.095 5	0.089 8	12.205 1
	上尾	0.225 2	0.078 2	2.880 7	0.994 6	0.080 5	12.361 3

4.4.4　极值 VaR 计算及预测

（1）极值 VaR 计算

在参数估计基础上，根据式（4.19）、式（4.20）计算出 95% 与 99% 置信水平下的 VaR，并与正态分布 VaR 相比较（为便于区别，以下用 VaR[BMM] 表示用 BMM 模型测度的 VaR，后文中的 VaR[POT] 亦同此表示），如表

---

①　在 POT 模型中，一般是将极小值序列转化为极大值序列进行处置，最后再将结果加负号还原。为便于本书的统一表达，在 BMM 模型中也同样处理。

4.5 所示。

表 4.5　沪深 {R_t} 序列的 VaR

置信水平	证券市场	VaR^{BMM}		VaR	
		上尾	下尾	上尾	下尾
95%	沪	2.079 4	2.108 3	2.714 7	2.604 7
	深	2.145 8	2.211 8	2.888 0	2.786 4
99%	沪	4.024 3	4.023 9	3.816 7	3.706 7
	深	4.072 0	4.405 4	4.063 6	3.962 0

表 4.5 中 95% 置信水平下沪下尾所对应的 VaR^{BMM}值 2.1083 表示，在正常市场情况下，沪市 100 天的综合收益率只存在 5 次低过 – 2.1083%[①]的情况。表 4.5 中数据均同此解释。

进一步分析表 4.5 相关数据，可得以下结论：

结论 1：当置信水平为 95% 时，BMM 模型对沪深股市的极端风险的估计值低于正态分布 VaR 模型估计值，而当置信水平为 99% 时，BMM 模型对沪深股市极端风险的估计值要显著高于正态分布 VaR 模型。

结论 2：不论是在置信水平 95% 还是 99% 下，深市的极端收益及极端损失风险均大于沪市。

（2）破涨跌幅记录的概率预测

BMM 模型还有一个优点，即可根据极值分布预测未来破涨跌幅记录的概率[②]。如在沪深两市中，最大的日收益率分别是 9.4014% 和 9.2438%，均发生在 2001 年 10 月 23 日；而最大的日损失率分别是 11.3037% 和 10.2629%，分别发生在 2007 年 6 月 4 日与 1997 年 2 月 18 日。据此可容易地预测出沪深两市在下一个 31 天超过此涨跌幅记录的概率为

---

① 为计算便利，本节第一部分将对数收益率 R_t 进行了 100 倍放大处理，现进行还原。

② 涨跌停板制度实施后沪深序列 {R_t} 上、下尾部的历史重现水平表参见附录 A1。

沪市:

涨: $\Pr(M^{(132)} > \max(M^{(1)}, \cdots, M^{(131)})) = 1 - H_{\hat{\xi}, \hat{\mu}, \hat{\sigma}}(9.4014) = 3.7309\%$

跌: $\Pr(M^{(133)} > \max(M^{(1)}, \cdots, M^{(132)})) = 1 - H_{\hat{\xi}, \hat{\mu}, \hat{\sigma}}(11.3037) = 0.9508\%$

深市:

涨: $\Pr(M^{(132)} > \max(M^{(1)}, \cdots, M^{(131)})) = 1 - H_{\hat{\xi}, \hat{\mu}, \hat{\sigma}}(9.2438) = 3.1075\%$

跌: $\Pr(M^{(133)} > \max(M^{(1)}, \cdots, M^{(132)})) = 1 - H_{\hat{\xi}, \hat{\mu}, \hat{\sigma}}(10.2629) = 1.7428\%$

表4.5分析中的第二个结论已表明不论是在置信水平95%还是99%下,基于BMM模型计算的深市极端收益及极端损失风险均大于沪市,而这里破涨跌幅记录的概率预测结果则表明沪深两市在下一个31天内超过历史极端收益的可能性均大于下一个31天两市破涨跌幅记录的可能性,且沪市超涨幅记录以约0.62%(3.7309% - 3.1075%)的可能性大于深市,而破涨跌幅纪录却以0.89%(1.7428% - 0.9508%)的可能性小于深市,即深市在下一个31天内具有更大的遭到超过4.41%的极端损失风险。

（3）重现水平

表4.6是根据轮廓似然估计法计算出的返回期为一年(即实际开盘时间约为250个交易日)的沪深两市极端收益率与极端损失的重现水平及置信水平95%之下的置信区间。表中沪市的极端损失的重现水平 - 4.7619%意味着平均每一年(即250个交易日)就会出现一次超过此值的事件,且其95%置信区间的上限为 - 4.1991%,下限为 - 5.5844%(这里是将表中数据进行负号还原后的解释)。

表4.6　沪深 $\{R_t\}$ 序列极值重现水平表　　　（单位:%）

		沪		深	
		极端收益率	极端损失率	极端收益率	极端损失率
重现水平		4.737 0	4.761 9	4.752 9	5.214 0
置信区间	上限	5.555 2	5.584 4	5.522 8	6.126 4
	下限	4.188 80	4.199 1	4.239 5	4.597 8

这里之所以不采用 delta 等方法确定极值的置信区间，主要是因为极值数据具有较显著的不确定性。重现期越长，数据提供的信息就越少，置信区间不对称性则越显著，此时，利用轮廓似然函数可以得到更高精度的置信区间。图 4.5 是表 4.6 的相应图示，从图中可以看出沪（上图）、深（下图）$\{R_t\}$ 序列极端收益（左图）与极端损失（右图）重现水平的 95% 置信区间不对称性随着重现期的增加而增加。

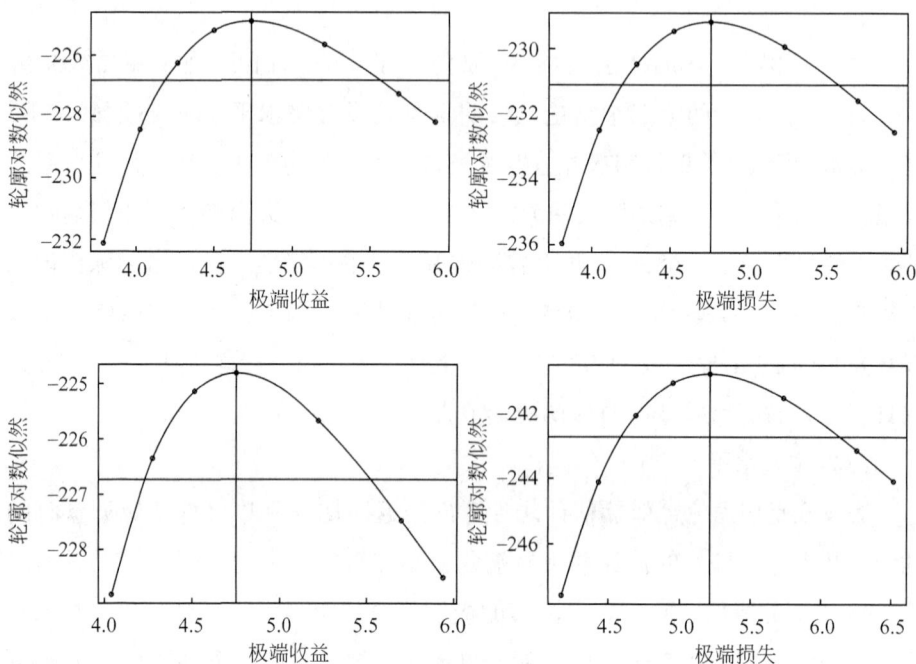

图 4.5 沪深 $\{R_t\}$ 序列极端收益与损失重现水平 95% 的置信区间图

附录 A2 为返回期分别为 2、3、4 及 5 年的重现水平的预测结果及其 95% 的置信区间。

（4）BMM 模型诊断

为检验 BMM 模型是否很好地拟合了极值数据，可用重现水平图（plot of record development）进行诊断。

若 $X_{i,n}$ 是取自分布 $F(X)$ 的次序统计量，则有

$$E(F(X_{i,n})) = 1 - \frac{i}{n+1}$$

故 $X_{i,n}$ 近似为分布 $F(X)$ 的 $1 - \dfrac{i}{(n+1)}$ 分位数, 或重现期为 $\dfrac{(n+1)}{i}$ 的重现水平, 所以在重现水平图上绘出的点:

$$(\log(- \log \frac{i}{n+1}), X_{i,n}), i = 1, \cdots, n$$

至少 $X_{i,n}$ 应在相应的重现期的置信区间内, 否则应该怀疑模型不当。

图 4.6 分别为沪 (上图)、深 (下图) $\{R_t\}$ 序列上尾部 (左图) 及下尾部 (右图) 在置信水平 95% 下的重现水平图。各图均显示各期重现水平与预期水平基本相符, 均在预定的置信区间内, 这表明本节对沪深 $\{R_t\}$ 序列未来 31 天的极端风险估计效果良好。

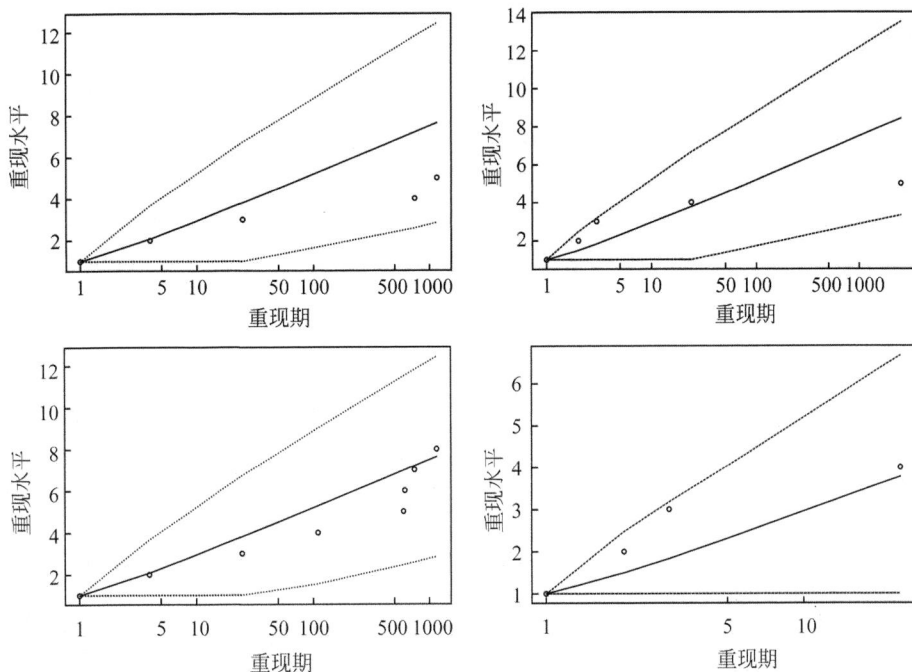

图 4.6 沪深 $\{R_t\}$ 序列上、下尾部重现水平图

4.5 本 章 小 结

本章基于广义极值理论 (GEV) 研究了 BMM 模型, 尤其是在 BMM 模型

中考虑了子区间极值一般极限分布与极值序列极限分布的关系，测度了受子区间长度影响的极值 VaR。并对沪深股市极端风险进行了测度分析，结果表明：在较低置信水平 95% 下，BMM 模型较正态分布 VaR 模型低估了沪深股市极端风险，而在较高置信水平 99% 下，BMM 模型对沪深股市极端风险的估计要显著高于正态分布 VaR 模型。

　　然而问题在于，虽然重现水平图诊断表明极值 BMM 模型选取准确，但却无法对正态分布 VaR 模型与 BMM 模型的有效性进行对比，尤其是涨跌停板制度很大程度上抑制了极值数据的异质性，导致了极值分布状态较大程度的改变。在这种情况下，正态分布 VaR 模型与 BMM 模型谁优谁劣的问题需要进一步地验证。按照论文的结构，极值模型的验证研究将集中到极值模型的回测部分进行讨论。

5 阈 值 模 型

BMM 模型按区间取极值，当区间足够大时符合近似独立条件，可不考虑序列相关性。然而，这很可能忽略掉一些具有丰富信息的数据，如某区间的次极大值虽然大于另一区间的极大值，变异性更显著，但却被忽略，这表明 BMM 模型有效性并不是非常充分。一个有效的处置方法就是利用所有超过某一临界值的极值数据建模，这就是阈值模型法。阈值模型法还很容易计算出极端风险 VaR 值与预期损失值。

5.1 广义帕累托分布

设 $X_1, X_2, \cdots, X_n$ 是一独立同分布的随机变量，具有相同的累积分布函数 （Cumulative Distribution Function， CDF） $F(x) = \Pr\{X_i < x\}$，对某一足够大的临界值 u（即阈值），存在一个正的函数 $\beta(u)$，则超出量分布 （Excess Distribution） （$X_i - u$） 可近似表示为

$$G(y;\xi,\beta(u)) = \begin{cases} 1 - \left(1 + \dfrac{\xi y}{\beta(u)}\right)^{-\frac{1}{\xi}}, & \xi \neq 0 \\ 1 - \exp\left(-\dfrac{y}{\beta(u)}\right), & \xi = 0 \end{cases} \tag{5.1}$$

定义当 $\xi \geq 0$ 时 $y \geq 0$，$\xi < 0$ 时 $0 \leq y \leq -\dfrac{\beta(u)}{\xi}$，则称 X 服从广义帕累托分布 （Generalized Pareto Distribution， GPD）。

GPD 分布实质上是拟合随机变量超过一个很大临界值条件下的分布，考察了超过此临界值以上的 r 个次序统计量，因此通常又被称为"最大 r 方法"。Pickands （1975） 最早介绍了此分布，DuMouchel （1975） 提出了其分布模型。

GPD 分布也可表达为以下 Pareto Ⅰ 型、Ⅱ 型和Ⅲ型三种分布形式：

$$\text{Pareto Ⅰ 型：} G_1(y;\beta(u)) = \begin{cases} 1 - e^{-\frac{y}{\beta(u)}}, & y \geq 0 \\ 0, & y < 0 \end{cases}$$

$$\text{Pareto Ⅱ 型：} G_2(y;\xi,\beta(u)) = \begin{cases} 1 - \left(\frac{y}{\beta(u)}\right)^{-\frac{1}{\xi}}, & y \geq \beta(u) \\ 0, & y < \beta(u) \end{cases} \quad \xi > 0$$

$$\text{Pareto Ⅲ 型：} G_3(y;\xi,\beta(u)) = \begin{cases} 0, & y < \beta(u) \\ 1 - \left(-\frac{y}{\beta(u)}\right)^{-\frac{1}{\xi}}, & \beta(u) \leq y \leq 0 \quad \xi < 0 \\ 1, & y > 0 \end{cases}$$

当 $\beta(u) = 1$ 时，称之为标准 GPD 分布，此时，PraetoⅠ型分布 $G_1(y)$ 就是指数 Exponential 分布；ParetoⅡ型分布 $G_2(y;\xi)$ 为 Pareto 分布；ParetoⅢ型分布 $G_3(y;\xi)$ 为 Beta 分布。特别是当形状参数 $\xi = 1$ 时，$G_3(y;1)$ 表示区间 $[-1,0]$ 上的均匀分布。ParetoⅠ型、Ⅱ型和Ⅲ型分布组成了三种不相交的 GPD 分布的子分布类型。

图 5.1 左图为 ξ 分别取值 -0.5、0、0.5 时的标准 GPD 分布函数度，从图中可以看到 GPD 分布随着形状参数 ξ 由正数变为负数，尾部的分布越来越细。

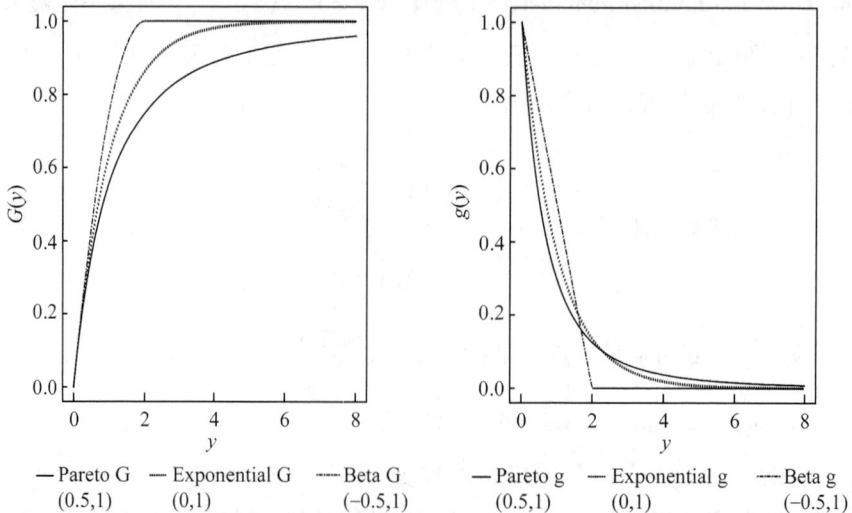

图 5.1　广义帕累托分布函数（左）及密度函数（右）

当形状参数 ξ 取负数时，GDP 集中在有限域 $\left[0, -\dfrac{1}{\xi}\right]$ 内，负数越小范围越窄。$\xi > 0$ 时，GPD 分布的尾部存在厚尾特征，且随着形状参数 ξ 的增大厚尾特征越显著。

根据 GPD 分布的累积分布函数，可求得 GPD 分布的概率密度函数为

$$g(y;\xi,\beta(u)) = \begin{cases} \dfrac{1}{\beta(u)}\left(1 + \xi\dfrac{y}{\beta(u)}\right)^{-\frac{1}{\xi}-1}, & \xi \neq 0 \\[3mm] \left(\dfrac{1}{\beta(u)^e}\right)^{-\frac{y}{\beta(u)}}, & \xi = 0 \end{cases} \tag{5.2}$$

进一步可得 Pareto I 型、II 型和III型分布的概率密度函数：

$$g_1(y;\beta(u)) = \frac{1}{\beta(u)}e^{-\frac{y}{\beta(u)}}, \qquad\qquad y \geqslant 0$$

$$g_2(y;\xi,\beta(u)) = \frac{\xi}{\beta(u)}\left(\frac{y}{\beta(u)}\right)^{-\xi-1}, \qquad y \geqslant \beta(u), \xi > 0$$

$$g_3(y;\xi,\beta(u)) = \frac{\xi}{\beta(u)}\left(-\frac{y}{\beta(u)}\right)^{\xi-1}, \quad -\beta(u) \leqslant y \leqslant 0, \xi > 0$$

图 5.1 右图即为 ξ 分别取值 -0.5、0、0.5 时的标准 GPD 分布密度函数图，可以看出概率密度函数 $g_1(y)$、$g_2(y;\xi)$ 在区间 $[0, +\infty]$ 上严格单调递减，而 $g_3(y;\xi)$ 却存在 $y < 2$。

GPD 分布与 GEV 分布存在着非常密切的参数关系，GEV 分布 $H(y;\mu,\sigma,\xi)$ 中的参数 (μ,σ,ξ) 决定了 GPD 分布中的参数 $(\mu,\beta(u),\xi)$：

$$\beta(u)_{\text{GPD}} = \sigma_{\text{GEV}} + \xi(u - \mu),$$

进一步，当形状参数 ξ 与位置参数 μ 独立时，有

$$H(y;\mu,\sigma,\xi) \Leftrightarrow G(y;\mu,\beta(u),\xi)$$

标准 GPD 分布 $G(y;\xi)$ 与标准 GEV 分布 $H(x;\xi)$ 之间更具有简单关系，易验证，当 $\log H(y;\xi) > -1$ 时，有

$$G_i(y;\xi) = 1 + \log[H_i(x;\xi)], i = 1,2,3$$

设 $X_1, X_2, \cdots, X_n$ 为一独立同分布的随机变量，具有相同的总体分布 $F(x)$，令 $M_n = \max\{X_1, \cdots, X_n\}$，如果存在规范化序列 $\{a_n > 0\}$，$\{b_n\}$，使得对足够大的 n，有

$$\Pr(M_n \le a_n x + b_n) \approx H(x;\mu,\sigma,\xi)$$

式中，$H(x;\mu,\sigma,\xi)$ 是 GEV 分布，则对于足够大的阈值 u，在 $X > u$ 的条件下，$X - u$ 的分布近似为 GPD 分布：

$$G(y;\beta(u),\xi) = 1 - \left(1 + \frac{\xi y}{\beta(u)}\right)^{-\frac{1}{\xi}} \tag{5.3}$$

式中，$y > 0$，$\beta(u) = \sigma + \xi(u - \mu)$，这表明，如果极大值 M_n 近似服从 GEV 分布 $H(x;\mu,\sigma,\xi)$，则超出量 $X - u$ 近似服从 GPD 分布 $G(y;\beta(u),\xi)$，且具有相同的形状参数 ξ。关于此定理的详细研究可参见 Leadbetter 等（1983）等文献。

同 GDV 分布一样，形状参数 ξ 决定了 GPD 分布的类型，证明过程如下：

当 $\xi > 0$ 时，$G(y;\mu,\beta(u),\xi)$ 的支撑为 $[\mu, +\infty]$，则：

$$G(y;\mu,\beta(u),\xi) = 1 - \left(\frac{y - \left(\mu - \frac{\beta(u)}{\xi}\right)}{\frac{\beta(u)}{\xi}}\right)^{-\frac{1}{\xi}}$$

$$= G_2\left(y;\mu - \frac{\beta(u)}{\xi}, \frac{\beta(u)}{\xi}\right)$$

当 $\xi < 0$ 时，$G(y;\mu,\beta(u),\xi)$ 的支撑为 $\left[\mu, \mu - \frac{\beta(u)}{\xi}\right]$，则：

$$G(y;\mu,\beta(u),\xi) = 1 - \left(-\frac{y - \left(\mu - \frac{\beta(u)}{\xi}\right)}{-\frac{\beta(u)}{\xi}}\right)^{-\frac{1}{\xi}}$$

$$= G_3\left(y;\mu - \frac{\beta(u)}{\xi}, \frac{\beta(u)}{\xi}\right)$$

当 $\xi = 0$ 时，支撑为 $[\mu, +\infty]$，则：

$$\lim_{\xi \to 0} G(y;\mu,\beta(u),\xi) = G_1(y;\mu,\beta(u))$$

可见 GEV 分布与 GPD 分布之间存在着极其密切的关系。

5.2 阈值模型

阈值模型（Peaks Over Threshold，POT）基于广义帕累托分布（Generalized Pareto Distribution，GPD）拟合超限分布，即对超过某一充分大的临界值即阈值（threshold）的所有观测数据进行建模，渐近地刻画分布的尾部特征。

5.1 节对 GPD 分布的分析表明，GPD 分布实质上是考察了超过阈值以上的 r 个次序统计量，这又涉及超额分布函数。

同前，设 $X_1, X_2, \cdots, X_n$ 是一独立同分布（iid）的随机变量，具有共同的分布 $F(x)$，现选取阈值为 u，若 $X_i > u$，则称为超阈值（exceedance），$Y_i = X_i - u$ 为超出量（excess），其中 u 小于 F 的支撑集的右端点，即：

$$u < \omega(F) = \sup\{x : F(x) < 1\}$$

则称随机变量 X_i 的超过阈值 u 的超出量（$Y_i = X_i - u$）的分布为条件超额分布函数（Conditional Excess Distribution Function，CEDF），即：

$$F_u(y) = P(X - u \leq Y | X > u)$$

则

$$
\begin{aligned}
F_u(y) &= \Pr(X \leq x | X > u) \\
&= \frac{\Pr\{X \leq x, X > u\}}{\Pr\{X > u\}} \\
&= \frac{F(u + y) - F(u)}{1 - F(u)} \\
&= \frac{F(x) - F(u)}{1 - F(u)}
\end{aligned}
\tag{5.4}
$$

变换（5.4）式，也可用条件超额函数 $F_u(y)$ 表示总体分布函数 $F(X)$，即：

$$F(x) = (1 - F(u))F_u(y) + F(u), \quad X > u \tag{5.5}$$

由式（5.5）可知，在总体分布 $F(x)$ 已知的情况下，可直接推导出条件超额函数 $F_u(y)$ 的分布。然而在实际工作中，总体分布 $F(x)$ 往往是未知的，这就需要首先利用极值相关理论求出它的渐近分布，再利用超过阈值 u 的样本进行极值建模，对超过阈值 u 的条件超额分布函数（CEDF）进行估计，然后再进一步推断出总体分布函数 $F(x)$。

Balkema 等（1974）以及 Pickands（1975）证明了在 MDA 条件下，超额分布函数弱收敛到广义 Pareto 分布。

PBdH 定理：若存在常数 a_n 和 b_n，且 $a_n > 0$，使得当趋近于 $F(x)$ 的上端点 x_+ 时，$F_u(a_n + b_n)$ 有连续的极限分布，则：

$$\lim_{u \to x_0} \sup_{0 \leqslant y \leqslant x_0} |F_u(y) - G(y;\mu,\beta(u),\xi)| = 0$$

此时某个 ξ 和 $\beta(u)$ 成立。

PBdH 定理说明，对于充分大的阈值 u，多数未知分布函数 $F(x)$ 的超额条件分布函数 $F_u(y)$ 可以用 GPD 分布即 $G(y;\mu,\beta(u),\xi)$ 很好地近似，记为

$$F_u(y) \approx G(y;\mu,\beta(u),\xi) \tag{5.6}$$

即

$$F_u(y) \approx G(y;\xi,\beta(u)) = \begin{cases} 1 - \left(1 + \dfrac{\xi y}{\beta(u)}\right)^{-\frac{1}{\xi}}, & \xi \neq 0 \\[3mm] 1 - \exp\left(-\dfrac{y}{\beta(u)}\right), & \xi = 0 \end{cases} \tag{5.7}$$

在式 (5.6) 中，用 $G(y;\mu,\beta(u),\xi)$ 替代 $F_u(y)$，即得总体分布 $F(x)$：

$$F(x) = (1 - F(u))G(y;\mu,\beta(u),\xi) + F(u) \tag{5.8}$$

展开即

$$F(x) = \begin{cases} (1 - F(u))\left(1 - \left(1 + \dfrac{\xi y}{\beta(u)}\right)^{-\frac{1}{\xi}}\right) + F(u), & \xi \neq 0 \\[3mm] (1 - F(u))\left(1 - \exp\left(-\dfrac{y}{\beta(u)}\right)\right) + F(u), & \xi = 0 \end{cases} \tag{5.9}$$

超出量分布在许多领域中都起着非常重要的作用，如在可靠性理论及生存分析中，F_u 称为剩余寿命分布（residual lifetime distribution），表示在年龄 u 活着时，剩余寿命小于或等于 x 的概率。平均超出量函数也称为平均剩余寿命函数，描述了活到年龄 u 时的期望剩余寿命。在再保险中，F_u 也得到了重要的应用。

由于 POT 模型有效地利用了有限的极值数据，弥补了分块样本极大值模型（BMM）的不足。在水文、交通、保险等领域的实践也证明了 POT 模型具有明显优于 BMM 模型的优点，而且形式简单，便于计算，适用范围更为广泛。目前，POT 模型已成为极值理论最主流的模型。

5.3　阈值选取

GPD 分布实质上是对超过阈值 u 以上的 r 个次序统计量的考察，合理地选

取阈值 u 成为 POT 模型的关键。

阈值 u 选值越高，则超过阈值 u 的样本数越少，而且由于参数对较大的观测数据非常敏感，这就可能会造成参数估计的方差增大。反之，如果选择较低的阈值 u，虽使得可观测的样本数较大，增加了估计的精度，但又不符合超出量 $Y_i = X_i - u$ 服从 GPD 分布的要求条件，样本数目的增加将增强样本的中心分布特征，从而造成参数估计的走偏。

然而，阈值 u 的选取至今尚未形成一个统一方法。如何合理确定阈值 u，实现对样本的最优分割，以综合平衡偏差与方差之间的关系，仍是现阶段极值理论研究中亟待解决的问题。

目前，选取阈值 u 的方法主要有图解法与计算法两大类。图解法主要是根据平均超出量函数 $e(u)$ 的线性变化或判断阈值 u 改变所引起的参数估计量的变化来进行阈值的选取。计算法则主要有基于 Hill 估计的阈值选择方法（此法又包含若干具体方法，详见 5.3 节）、厚尾分布与正态分布相交法、峰度法及 Choulakian 等（2001）根据 Cramér-von 统计量 W^2 和 Anderson-Darling 统计量 A^2 提出的 GPD 模型检验方法等。

5.3.1 图解法

（1）平均超出量函数

设 $X_1, X_2, \cdots, X_n$ 是一独立同分布（iid）的随机变量，具有共同的分布 $F(x)$，现选取阈值为 u_0，若 $X_i > u$，$X_i - u$ 为超出量（excess），对任意 $u > u_0$，则定义平均超出量函数 $e(u)$（Mean Excess Fuction，MEF）为

$$e(u) = E(X - u \mid X > u) \tag{5.10}$$

展开得

$$e(u) = \int_u^{+\infty} \frac{x - u}{1 - H(u)} \mathrm{d}H(x)$$

$$= \frac{1}{1 - H(u)} \int_u^{+\infty} - (x - u) \mathrm{d}(1 - H(x))$$

分步积分，得

$$e(u) = \frac{1}{1 - H(u)}\left\{ -\lim_{x \to \infty} x(1 - H(x)) + \int_u^{+\infty} (1 - H(x)) \mathrm{d}(x) \right\} \quad (5.11)$$

当 $\xi < 1$ 时，积分收敛，极限为 0。

当 $0 < \xi < 1$ 时，超额均值函数表达式为

$$e(u) = \frac{1}{1 - H(u)} \int_u^{+\infty} (1 - H(x)) \mathrm{d}x$$

$$= \frac{\beta(u)}{1 - \xi}\left(1 + \frac{\xi u}{\beta(u)} \right)$$

$$= \frac{\beta(u) + \xi \cdot u}{1 - \xi} \quad (5.12)$$

从式 (5.12) 可以看出，$e(u)$ 是阈值 u_0 的线形函数。

在统计实践中，对于给定的样本 $X_1, X_2, \cdots, X_n$，平均超出量函数 $e(u)$ 可以由样本平均超出量函数估计：

$$e(u) = \frac{\sum_{i=1}^n (x_i - u)^+}{\sum_{i=1}^n K_i} = \frac{\sum_{i=1}^n (x_i - u)^+}{N_n} \quad (5.13)$$

式中，K_i 为超过阈值 u 的样本个数。所以，超额均值函数 $e(u)$ 即为超过阈值 u 的样本超额数 $X_i - u$ 的总和与超过阈值 u 的样本个数总和的比值，也可以说 $e(u)$ 就是平均超出量。

如果对于某个阈值 u_0，超出量分布近似服从参数为 $\sigma(u_0)$ 和 ξ 的 GPD 分布，则对大于此阈值 u_0 的其他阈值，样本平均超出量函数应该在一条直线附近波动。

由此定义点集：

$$\{ (u, e(u)) : X_1 < u < X_n \}$$

称之为平均超出量散点图，当 GPD 分布可以作为超越阈值 u_0 超过量的有效近似时，图形中大于阈值 u_0 以上的部分应是近似线形的，而且具有正的斜率。

对当 $0 < \xi < 1$ 时的超出量均值函数表达式 (5.12) 求导，可得

$$\frac{\mathrm{d}e(u)}{\mathrm{d}u} = \frac{\xi}{1 - \xi}$$

故根据 $e(u)$ 函数斜率的正负符号可判断该分布的形态，若：

$$\frac{\xi}{1-\xi} > 0,则为厚尾分布$$

$$\frac{\xi}{1-\xi} = 0,则为指数分布的尾部$$

$$\frac{\xi}{1-\xi} < 0,则为薄尾分布$$

在实际应用中，阈值 u 可以直接通过观测样本平均超出量函数（sample mean excess function）图形来选取。

平均超出量函数 $e(u)$ 法简便直观，但其根据线形程度的好坏比较来取舍阈值 u 依然存在一些缺陷。例如，现有两个不同的阈值 u_1 和 u_2，如果根据两个阈值得到的超额均值函数 $e(u)$ 的线形程度相差较大，则很容易选取线形长度较好的那个相应的阈值，但如果两者线形程度相差不大时，则无法判断哪个阈值更适合。而且，关于什么是"趋于线性"，仍然缺乏明确的理论支持。

（2）估计量稳定性判断法

在一个阈值取值范围内，可利用超出量估计 GPD 分布中的形状参数 ξ 与尺度参数 $\beta(u)$。若初始阈值 u_0 对应的超出量近似为 GPD 分布，则对大于 u_0 的阈值，形状参数 ξ 的估计值应该保持不变。

然而，5.1 节得出结论是：$\beta(u)_{GPD} = \sigma_{GEV} + \xi(u - \mu)$，这表明 $\beta(u)$ 是阈值 u 的函数，这里的 σ 即 GEV 分布中的尺度参数。

考察 $\beta(u)$ 与阈值 u 的关系：

对阈值 u_0，有

$$\beta(u_0) = \sigma + \xi u_0$$

对 $u > u_0$，相应有

$$\beta(u) = \sigma + \xi u \text{ 或 } \beta(u) = \beta(u_0) + \xi(u - u_0)$$

上式清楚地说明了 $\beta(u)$ 与 $u > u_0$ 的关系。

若令

$$\beta^*(u) = \beta(u) - \xi(u)$$

则 $\beta^*(u)$ 与阈值 u 无关，$\beta^*(u)$ 称之为修正的长度参数（modified scale）。

因此，如果 u_0 是适当的阈值，相应的超出量服从 GPD 分布，则对大于 u_0 的其他阈值 u，相应的估计量 $\beta(u)$ 与 ξ 保持不变。

考虑到抽样的随机性，虽然这些估计量不可能是精确的常数，但它们应在允许的抽样误差范围内。由此，类似于平均超出量函数图，可作 $\beta(u)$ 与 ξ 关于阈值 u 的图形及相应的置信区间，选择使这两个估计量能保持为常数的最小值 u 作为阈值。

5.3.2　基于 Hill 估计的选择方法

利用 Hill 估计进行阈值选择的方法主要有两种，一种是构造 Hill 估计的渐近均方，然后选择使其最小的那个阈值；另一种是根据最佳 $\hat{k}_n^{opt}$ 的渐近表示，直接估计最优阈值。这类方法中具有代表性的主要有指数回归模型法（exponential regression model method）、子样本自助法（subsample bootstrap）及序贯法（sequential method）等。

5.3.2.1　指数回归模型法

设 $X_1, X_2, \cdots, X_n$ 是一正的独立同分布（iid）的随机变量，具有共同的分布 F，其顺序统计量为 $X_{1,n} \leq X_{2,n} \leq \cdots \leq X_{n,n}$，若总体分布 $F(x)$ 处于 $H(x)$ 最大吸引域，即 $F_{max} \in MDA(H)$ 时，Beirlant 等（2002）证明了此时的分布存在一个正的参数 γ，具有如下的形式：

$$1 - F(x) = x^{-\frac{1}{\gamma}} l_F(x) \tag{5.14}$$

式中，l_F 是一个缓慢变化函数，当 $x \to \infty$ 时，$\forall \lambda > 0$，满足

$$\frac{l_F(\lambda x)}{l_F(x)} \to 1$$

式（5.14）也等价于

$$U(x) = x^\gamma l(x) \tag{5.15}$$

式中，$U(x) = \inf\left\{y; F(y) \geq 1 - \frac{1}{x}\right\}$，$l(x)$ 也是一个缓慢变化函数。此时，

$F(X)$ 的支撑具有无限的右端点，且当 $j \geqslant \dfrac{1}{\gamma}$ 时，分布 $F(X)$ 的 j 阶矩不存在。

式（5.14）、式（5.15）中的参数 $\gamma > 0$ 也称为尾部指标，关于尾部指标 γ 的估计的更多研究可参见 Hall（1982）、Csörgő 等（1985）、Beirlant 等（1996）、Dress 等（1998）等文献，此处不再详述。

若存在一个常数 $\rho < 0$ 和一个速度函数 b，满足当 $x \to \infty$ 时，$b(x) \to 0$，且 $\forall \lambda > 0$，有

$$\log \frac{l(\lambda x)}{l(x)} \sim b(x)k_\rho(\lambda) \tag{5.16}$$

式中，$k_\rho(\lambda) = \displaystyle\int_1^\lambda v^{\rho-1}\mathrm{d}v$。

遵循上述的框架，Beirlant 等（1999）构造了上侧次序统计量对数间隔的指数回归模型：

$$Z_j = j(\log X_{n-j+1,n} - \log X_{n-j,n}) = \left(\gamma + b_{n,k}\left(\frac{j}{k+1}\right)^{-\rho}\right)f_j, \quad 1 \leqslant j \leqslant k \tag{5.17}$$

这里 $f_1, f_2, \cdots, f_k$ 是一系列独立的，服从标准指数分布的随机变量，$b_{n,k} = b\left(\dfrac{n+1}{k+1}\right), 2 < k \leqslant n-1$。

若 $n \to \infty$ 时，$k \to \infty$ 且 $\dfrac{k}{n} \to 0$，Mathys 等（2000）证明了 Hill 估计是渐近正态的，Hill 估计的渐近方差为

$$\mathrm{AVar}\hat{\gamma}^H_{k,n} = \frac{\gamma^2}{k} \tag{5.18}$$

由于偏差主要源于模型中忽略了回归项，故渐近偏差可表示为

$$\mathrm{ABias}\hat{\gamma}^H_{k,n} = E(\hat{\gamma}^H_{k,n} - \gamma) = \frac{b_{n,k}}{1-\rho} \tag{5.19}$$

因此，Hill 估计的渐近均方误差（asymptotic mean squared error, AMSE）为

$$\mathrm{AMSE}(\hat{\gamma}^H_{k,n}) = (\mathrm{ABias}\hat{\gamma}^H_{k,n}) + \mathrm{AVar}\hat{\gamma}^H_{k,n} = \left(\frac{b_{n,k}}{1-\rho}\right)^2 + \frac{\gamma^2}{k} \tag{5.20}$$

分析式（5.20），当 k 很小时，方差 $\text{AVar}\hat{\gamma}_{k,n}^{H}$ 较大，而偏差 $\text{ABias}\hat{\gamma}_{k,n}^{H}$ 较小；当 k 很大时，方差 $\text{AVar}\hat{\gamma}_{k,n}^{H}$ 较小，而偏差 $\text{ABias}\hat{\gamma}_{k,n}^{H}$ 较大。显而易见，渐近均方误差 $\text{AMSE}(\hat{\gamma}_{k,n}^{H})$ 是 k 的 U 形函数，一定存在一个 k 值，使之达到最小，此 k 值即为最佳 k_n^{opt}：

$$\hat{k}_n^{\text{opt}} = \text{argmin}_{3 \leq k \leq n}\left(\left(\frac{\hat{b}_{k,n}}{1-\hat{\rho}}\right)^2 + \frac{\hat{\gamma}^2}{k}\right) \tag{5.21}$$

指数回归模型法步骤可总结如下：

1）对下列的指数回归模型（公式的右部）利用极大似然估计，计算 $k \in \{3,\cdots,n\}$ 时参数 γ、$b_{n,k}$、ρ 的估计值 $\hat{\gamma}$、$\hat{b}_{k,n}$、$\hat{\rho}_k$：

$$Z_j = j(\log X_{n-j+1,n} - \log X_{n-j,n}) = \left(\gamma + b_{n,k}\left(\frac{j}{k+1}\right)^{-\rho}\right)f_j, \quad 1 \leq j \leq k$$

这里 f_1，f_2，$\cdots$，f_k 是一系列独立的，服从标准指数分布的随机变量。$b_{n,k} = b\left(\frac{n+1}{k+1}\right), 2 < k \leq n-1$。

2）对 $k \in \{3,\cdots,n\}$，计算 Hill 估计的渐近均方误差 $\text{AMSE}(\hat{\gamma}_{K,n}^{H})$：

$$\text{AMSE}(\hat{\gamma}_{K,n}^{H}) = \left(\frac{\hat{b}_{k,n}}{1-\hat{\rho}}\right)^2 + \frac{\hat{\gamma}^2}{k}$$

3）搜索使 $\text{AMSE}(\hat{\gamma}_{K,n}^{H})$ 最小的 k 值 $\hat{k}_n^{\text{opt}}$：

$$\hat{k}_n^{\text{opt}} = \text{argmin}_{3 \leq k \leq n}\left(\left(\frac{\hat{b}_{k,n}}{1-\hat{\rho}}\right)^2 + \frac{\hat{\gamma}^2}{k}\right)$$

4）计算 Hill 估计 $\gamma_n(\hat{k}_n^{\text{opt}})$：

$$\gamma_n(\hat{k}_n^{\text{opt}}) = \frac{1}{\hat{k}_n^{\text{opt}}}\sum_{j=1}^{\hat{k}_n^{\text{opt}}} \log X_{n-j+1,n} - \log X_{n-\hat{k}_n^{\text{opt}},n}$$

将指数回归模型中的讨厌参数 ρ 用它的相合估计代替，则可得到模型的一般线性模型。Beirlant 等（1999）的研究还指出，如果不估计 ρ，而是预先固定参数 $\rho = \rho_0 = -1$，可在不影响估计效果的情况下简化计算过程。

5.3.2.2 子样本自助法

Efron（1979）提出的自助法（Bootstrap），又称拔靴法，实质上是一种有放回的再抽样方法，它只依赖于给定的观测信息，不需要其他的假设和增加新的观测，避免了在处理问题时用传统统计方法，即对所需的分布先作假定，再利用现成的统计表进行推断。

Hall（1990）最早将 Bootstrap 法应用到极值指数估计中，以使形状参数估计量的渐近均方误差（AMSE）最小为标准，选择最优阈值，随后该方法在极值理论中得到了迅速的发展。

Hall 方法的问题在于 k 值，即超过阈值 u 的样本个数是未知的。Danielsson 等（2001）对 Hall 提出的方法进行了修正，引入了子样本自助法，并将此方法用到阈值选取方面，并收到了很好的成效。

Danielsson 等首先构造了辅助统计量 $Q(n,k)$：

$$Q(n,k) = E\{[M_n(k) - 2(\gamma_n(k))^2]^2 | X_n\} \tag{5.22}$$

式中：

$$M_{k,n} = \frac{1}{k}\sum_{j=1}^{k}(\log X_{n,n-j+1} - \log X_{n,n-k})^2$$

$$\hat{\gamma}_{k,n}^H = \frac{1}{k}\sum_{j=1}^{k}\log X_{n,n-j+1} - \log X_{n,n-k}, k = 1,2,\cdots,n_1 - 1$$

式中，$\hat{\gamma}_{k,n}^H$ 即为 Hill 估计，X_{n-k} 表示 $X_1,X_2,\cdots,X_n$ 中第 $k+1$ 大的值。

先后在两个自助子样本 $X_{n_1}^*$ 及 $X_{n_2}^*$（$n_2 < n_1$）中，分别搜索使得 $Q(n_1,k_1)$、$Q(n_2,k_2)$ 的均方误差（AMSE）达到最小的 $\hat{k}_{n_1}^*$ 与 $\hat{k}_{n_2}^*$，则对应于最优阈值 u 的 k 值为

$$\hat{k}_n^{\text{opt}} = \frac{(\hat{k}_{n_1}^*)^2}{\hat{k}_{n_2}^*}\left(\frac{(\log\hat{k}_{n_1}^*)^2}{(2\log n_1 - \log\hat{k}_{n_1}^*)^2}\right)^{\frac{(\log n_1 - \log\hat{k}_{n_1}^*)}{\log n_1}} \tag{5.23}$$

Danielsson 等（2001）随之证明了：

$$\frac{\log\hat{k}_{n_1}^*}{-2\log n_1 + 2\log\hat{k}_{n_1}^*} \xrightarrow{p} \rho$$

$$\frac{(\hat{k}_{n_1}^*)^2}{\hat{k}_{n_2}^*\hat{k}_n^{opt}} \xrightarrow{p} \left(1 - \frac{1}{\rho}\right)^{\frac{2}{(2\rho-1)}}$$

则对应最优阈值 u 的 k 的相合估计 $\hat{k}_n^{\mathrm{opt}}$ 为

$$\hat{k}_n^{\mathrm{opt}} = \frac{(\hat{k}_{n_1}^*)^2}{\hat{k}_{n_2}^*}\Big(1 - \frac{1}{\hat{\rho}}\Big)^{\frac{2}{(2\hat{\rho}-1)}} \tag{5.24}$$

子样本自助法可总结为以下几个步骤：

1）由总样本 $X = (X_1, X_2, \cdots, X_n)$ 得到顺序统计量 $X = (X_{(1)} \geqslant X_{(2)} \geqslant \cdots \geqslant X_{(n)})$，从中抽取子样本 $X_{n_1}^* = \{X_1^*, \cdots, X_{n_1}^*\}R$ 个，重新按升序排列，$X_{n_1,1}^* \leqslant \cdots \leqslant X_{n_1,n_1}^*$。

2）令 k 为超过阈值 u 的样本个数，构造辅助统计量 $Q(n, k)$。

3）对 R 个子样本 $X_{n_1}^* = \{X_1^*, \cdots, X_{n_1}^*\}$，搜索到使统计量 $Q(n_1, k_1)$ 自助均方误差（AMSE）达到最小值时的 k 值 $\hat{k}_{n_1}^*$。

4）再从顺序统计量 $X = (X_{(1)} \geqslant X_{(2)} \geqslant \cdots \geqslant X_{(n)})$，从中抽取样本容量更小的子样本 $X_{n_2}^* = \{X_1^*, \cdots, X_{n_2}^*\}R$ 个，重新按升序排列，$X_{n_2,1}^* \leqslant \cdots \leqslant X_{n_2,n_2}^*$。重复步骤（3），搜索到使统计量 $Q(n_2, k_2)$ 自助均方误差（AMSE）达到最小值时的 k 值 $\hat{k}_{n_2}^*$。

5）计算出最优阈值 u 所对应的数据数 $\hat{k}_n^{\mathrm{opt}}$。

6）计算 Hill，估计 $\gamma_n(\hat{k}_n^{\mathrm{opt}})$。

Danielsson（2001）提出的利用 Bootstrap 解决阈值 u 选取的方法简便易行，不需要预先设定初始参数，只需要确定子样本容量 n_1 和子样本个数 B。子样本个数 B 主要由计算时间决定，通常可取 250～5000。

至于子样本容量 n_1，Gomesm 等（2001）研究认为 Bootstrap 与 n_1 的关系不大，可取 $n_1 \approx n^{\frac{3}{4}}$。一些学者的相关研究表明，当样本量很大尤其是高频数据时，Bootstrap 法的效果非常有效。当样本容量比较小时也可适用，但小子样下，Bootstrap 方法逼近真实分布就会有较大的偏差。

5.3.2.3　序贯法

Hall 等（1985）证明了若未知总体分布 $F(x)$ 满足以下 Hall 条件

$$1 - F(x) = Cx^{\frac{-1}{\beta}}(1 + Dx^{-\frac{\rho}{\beta}} + o(x^{-\frac{\rho}{\beta}})) \tag{5.25}$$

此时，Hill 估计的渐近均方误差最小：

$$k_n^{\mathrm{opt}} \sim \left(\frac{C^{2\rho}(\rho+1)^2}{2D^2\rho^3}\right)^{\frac{1}{(2\rho+1)}} n^{\frac{2\rho}{(2\rho+1)}} \tag{5.26}$$

然而，参数 $\rho > 0$、$C > 0$ 及 $D \neq 0$ 是未知的，这样对于某一给定的数据集，就不能直接利用上式来决定最优的次序统计量个数。

针对以上最优 k 的选取问题，Drees 等（1998）提出了序贯法，在不需要预先知道如何有关（5.25）式分布的条件下，就可以渐近地选取 k_n^{opt}。

基于 Hall 等（1985）定理 3.1 及 Mason 等（1994）定理，并结合重对数法则（Law of Iterated Logrithm），可以看出 $i^{\frac{1}{2}}(\hat{\gamma}_{i,n}^H - \hat{\gamma}_{k,n}^H)$（$1 \leqslant i \leqslant k_{n-1}$）的最大的随机波动为 $(\log \log n)^{\frac{1}{2}}$，也即：

$$\max_{2 \leqslant i \leqslant k_n} i^{\frac{1}{2}} |\hat{\gamma}_{i,n}^H - \hat{\gamma}_{k,n}^H - b_{i,n}| = o_p((\log \log n)^{\frac{1}{2}}) \tag{5.27}$$

对 Hill 估计量序列定义"停止时间"：

$$\hat{k}_n(r_n) = \min\left\{k \in \{1,2,\cdots,n-1\} \mid \max_{1 \leqslant i \leqslant k} \sqrt{i} |\hat{\gamma}_{i,n}^H - \hat{\gamma}_{k,n}^H| > r_n\right\} \tag{5.28}$$

式中，阈值 r_n 构造了一个序列，其对于 $(\log \log n)^{\frac{1}{2}}$，小于 $\sqrt{n}$。观测式（5.26）与式（5.27）定义的序列 $\hat{k}_n(r_n)$ 中的 $\hat{\gamma}_{i,n}^H$ 及 $\hat{\gamma}_{k,n}^H$ 可由各自相应的偏差 $b_{i,n}$、$b_{k,n}$ 替代，也即：$b_{i,n} \sim \mathrm{const.}\left(\frac{i}{n}\right)^{\rho}$。通过此结论，基于 $\hat{k}_n(r_n)$ 和 $\hat{k}_n(r_n^{\varepsilon})$（$\varepsilon \in (0,1)$）可构造 ρ 的一致性估计，当两个这样的停止时间适当结合后，可达到与最佳 k_n^{opt} 相同的收敛速度。

由于此方法涉及未知参数 γ 和 ρ，因此需要使用到初始估计 $\hat{\gamma}_0$ 及 ρ 的相合估计 $\hat{\rho}$，也可将 ρ 固定为某个值 ρ_0。

序贯法可总结为以下几个步骤：

1）设定未知参数 γ 的初始值 $\hat{\gamma}_0$：

$$\hat{\gamma}_0 = H_{2\sqrt{n},n} = \frac{1}{2\sqrt{n}}\sum_{j=1}^{2\sqrt{n}} \log X_{n-j+1,n} - \log X_{n-2\sqrt{n},n}$$

2）对 $r_n = 2.5\hat{\gamma}_0 n^{0.25}$，计算停止时间：

$$\hat{k}_n(r_n) = \min\left\{ k \in \{1,2,\cdots,n-1\} \mid \max_{1 \le i \le k} \sqrt{i} \mid \hat{\gamma}_{i,n}^H - \hat{\gamma}_{k,n}^H \mid > r_n \right\}$$

式中：

$$\hat{\gamma}_{i,n}^H = \frac{1}{i} \sum_{j=1}^{i} \log X_{n-j+1,n} - \log X_{n-i,n}, \quad i = 1,2,\cdots,n-1$$

$$\hat{\gamma}_{k,n}^H = \frac{1}{k} \sum_{j=1}^{k} \log X_{n-j+1,n} - \log X_{n-k,n}, \quad k = 1,2,\cdots,n-1$$

3）同样地，计算 $\hat{k}_n(r_n^\varepsilon)$ ，其中 $\varepsilon = 0.7$ 。

4）设 $\hat{\rho}$ 是 ρ 的相合估计，计算：

$$\hat{k}_n^{\mathrm{opt}} = \left(\frac{\hat{k}_n(r_n^\varepsilon)}{(\hat{k}_n(r_n))^\varepsilon} \right)^{\frac{1}{(1-\varepsilon)}} (1+2\hat{\rho})^{-\frac{1}{\hat{\rho}}} (2\hat{\rho}\hat{\gamma}_0)^{\frac{1}{(1+2\hat{\rho})}}$$

5）计算 Hill 估计 $\gamma_n(\hat{k}_n^{\mathrm{opt}})$

$$\gamma_n(\hat{k}_n^{\mathrm{opt}}) = \frac{1}{\hat{k}_n^{\mathrm{opt}}} \sum_{j=1}^{\hat{k}_n^{\mathrm{opt}}} \log X_{n-j+1,n} - \log X_{n-\hat{k}_n^{\mathrm{opt}},n}$$

需要注意的是，在求 $\hat{\gamma}_0$ 、$\hat{\gamma}_{i,n}^H$ 、$\hat{\gamma}_{k,n}^H$ 之前 X_i 已按升序排列；在第二步骤中，如果 r_n 太大以至于 $\max_{1 \le i \le k} \sqrt{i} \mid \hat{\gamma}_{i,n}^H - \hat{\gamma}_{k,n}^H \mid > r$ 不能被满足时，则用 $0.9r_n$ 替代 r_n ，直到 $\hat{k}_n(r_n)$ 被很好地定义；在算法中可以限定 $\hat{\rho} \equiv \rho_0 = 1$ ，从而简化算法。Drees 等（1998）研究还发现，由于数据本身的原因，序贯法有时计算出的 $\hat{k}_n^{\mathrm{opt}} \le 2$ ，此时序贯法失效，但这种情况概率很小。

5.3.3　厚尾分布与正态分布相交法与峰度法

极值理论突出的特点是，当置信水平越高时，其对尾部分布的估计越精确于 VaR 方法。而且，正态分布属于 Gumbel 分布的吸引场，正态分布的形状参数 $\xi = 0$ ，故可将实际分布与正态分布进行比较。基于此，McNeil 等（2000）提出了厚尾分布与正态分布相交法，将实际的分布和正态分布进行比照，两种分布的交点就是阈值点，相交点以后的实际分布即呈厚尾分布。

当随机变量 X 的中部分布为正态分布，边缘分布为 GPD 分布时，设 $\phi(x)$ 为正态分布，N 为样本空间，u^L、u^R 分别表示分布左尾部与右尾部的阈值，N_u^L、N_u^R 为左右尾部超过阈值 u 的样本数，ξ^L、ξ^R 为左右尾部的形状参数，σ^L、σ^R 为尺度参数，则其完整的分布表达式为

$$F(x) = \begin{cases} \dfrac{N_u^L}{N}\left(1 + \xi^L\,\dfrac{|x - u^L|}{\sigma^L}\right)^{-\frac{1}{\xi^L}}, & x < u^L \\[3mm] \phi(x), & u^L \leqslant x < u^R \\[3mm] 1 - \dfrac{N_u^R}{N}\left(1 + \xi^R\,\dfrac{x - u^R}{\sigma^R}\right)^{-\frac{1}{\xi^R}}, & x \geqslant u^R \end{cases}$$

厚尾分布与正态分布相交法直观易行，确定的阈值 u 也具有唯一性，但在求解前需要知道具体的分布形式，而分布中的各参数一般却是未知的，并且此方法的求解过程也非常复杂。

Patie（2000）提出的峰度法与厚尾分布与正态分布相交法异曲同工。当所观测的样本为厚尾分布时，其峰度系数值大于 3，而正态分布的峰度系数值等于 3，故可每次将样本中使得 $(X_i - \overline{X})$ 值最大的 X_i 从样本中删除，其中 $\overline{X}$ 表示样本均值，直到删除后的样本的峰度小于 3。此时，余留下来的样本呈正态分布，余留下来样本中的最大值即可选作阈值，这也正是厚尾分布与正态分布的相交点。

Patie（2000）的峰度法更为直观，易于了解，而且其过程非常简单，仅需要编写简单的程序即可获得结果。

峰度法步骤可总结如下：

1）计算样本均值 $\overline{X}$ 与样本峰度 K_n

$$\overline{X}_n = \frac{X_1 + X_2 + \cdots + X_n}{n}$$

$$K_n = \frac{E(X_i - \overline{X}_n)^4}{\left[E(X_i - \overline{X}_n)^2\right]^2}, i = 1, 2, \cdots, n$$

2）对峰度进行判断，若 $K_n \geqslant 3$，则选取使得 $|X_i - \overline{X}_n|$ 值最大的 X_i，将其从样本中除去。

3）重复步骤第一、二步，直到峰度小于 3 为止。

4）在留下来的样本点中选取最大的 X_i，选取此值为阈值。

限于篇幅，其他的一些择选阈值的方法，如 Choulakian 等（2001）根据 Cramér-von 统计量 W^2 和 Anderson-Darling 统计量 A^2 提出的 GPD 模型检验方法、Beirlant 等（2002）提出的诊断法等，这里不再一一赘述，详细内容可参见相关文献。

到目前为止，在阈值选取方面虽然已有了许多种不同类型的方法，但各方法都有一定的适用范围，如序贯法和指数回归模型法较适宜于中等规模的样本量，而子样本自助法和诊断方法则适合于大样本量，尤其是高频数据的情况。而且，一些方法还欠缺理论上的支撑，阈值的选择方法尚待进一步研究，这也是极值理论当前研究的热点与难点之一。

5.4 阈值模型参数及高分位数估计

5.4.1 参数估计

5.4.1.1 极大似然估计法

在实际中，很难真正得到来自 GPD 分布的一个独立同分布样本。设定恰当的阈值 u，则超出量 $y_i = x_i - u$ 近似服从 GPD 分布，通过对超出量 $y_i = x_i - u$ 的 GPD 分布做参数估计，可得 X_i 的 GPD 分布的参数估计。

设 X_1，X_2，$\cdots$，X_n 是一独立同分布（iid）的随机变量，具有共同分布 $F(X)$，现选取阈值为 u，若 $X_i > u$，则 $X_{(1)}$，$X_{(2)}$，$\cdots$，$X_{(k)}$ 为极值数据，超出量为 $y_i = x_{(i)} - u$，$i = 1$，$\cdots$，k，当阈值 u 足够大时，$\{y_1, \cdots, y_k\}$ 可看作为含有未知参数 ξ 和 $\beta(u)$ 的服从 GPD 分布的随机变量。

当 $\xi \neq 0$ 时，基于 GPD 分布，推出的极大似然估计函数为

$$L(y;\beta(u),\xi) = -k\ln(\beta(u)) - \left(1 + \frac{1}{\xi}\right)$$

$$\sum_{i=1}^{k} \ln\left(1 + \frac{\xi y_i}{\beta(u)}\right) \tag{5.29}$$

这里有当 $\xi > 0$ 时 $y_i \geq 0$，$\xi < 0$ 时，$0 \leq y_i \leq -\dfrac{\beta(u)}{\xi}$。

当 $\xi = 0$ 时，极大似然估计函数为

$$L(y;\beta(u)) = -k\ln(\beta(u)) - \beta(u)^{-1}\sum_{i=1}^{k} y_i \tag{5.30}$$

搜索使式（5.29）、式（5.30）函数值最大的（$\beta(u)$，ξ），此即为所求的估计量。

同 GEV 分布一样，GPD 分布的极大似然估计 σ 与 ξ 没有解析表示，只能用数值方法求解。从上式可以看出，当 ξ 接近 0 时，GPD 分布即为指数分布，σ 的极大似然估计为 $\bar{x}$。Smith（1985）有关极大似然估计中的正则定理仍然在 GPD 分布适用。对 GPD 分布的极大似然估计详见 Smith（1985）和 Azzalini（1996）的有关文献。

同样，参数 σ 与 ξ 估计值的置信区间可由估计量的渐近正态性得到，而应用轮廓似然函数可以直接得到参数 σ 与 ξ 较精确的置信区间估计。

5.4.1.2 矩估计

矩估计法的基本原理是，以样本矩作为相应总体矩的估计量，以样本矩的连续函数作为相应总体矩的连续函数的估计量。矩估计法比较直观和方便，不因分布模型的不同而异。

一般认为，一阶矩的误差最小，通常可直接取用；二阶矩的误差不大，通常在允许的误差范围内；三阶矩含变数的立方，若变数有误差，则立方后的误差更大，故不常被直接采用。

Rao（1973）对 GPD 分布的参数矩估计进行了研究，并给出了在 $\xi < \dfrac{1}{2}$ 时的矩估计表达式：

$$\beta(u) = \frac{1}{2}\bar{x}\left(\frac{\bar{x}^2}{s^2 + 1}\right) \tag{5.31}$$

$$\xi = \frac{1}{2}\left(\frac{\bar{x}^2}{s^2 - 1}\right) \tag{5.32}$$

式中，$\bar{x}$ 和 s^2 分别是样本的均值和方差。

5.4.1.3 概率权重矩法

Hosking 等（1987）使用概率权重矩法对 GPD 分布参数 ξ、β（u）进行了估计，研究表明概率权重矩法对小样本估计具有许多的良好的统计特性。

若：

$$b_0 = \overline{X}$$

$$b_1 = \sum_{j=1}^{n-1} \frac{(n-j)X_j}{n(n-1)}$$

$$b_2 = \sum_{j=1}^{n-2} \frac{(n-j)(n-j-1)X_j}{n(n-1)(n-2)}$$

式中 X_j 是超额数，则有

$$\xi = \frac{b_0}{b_0 - 2b_1} - 2 \tag{5.33}$$

$$\sigma = \frac{2b_0 b_1}{b_0 - b_1} \tag{5.34}$$

当 $\xi \geqslant 0$ 时，概率权重矩估计与极大似然估计的效率相差不大。但值得注意的是，当参数与时间有关，参数受到另一个解释变量影响时，概率权重矩估计法就不适用，而极大似然估计法却仍是可行的，此点对 GEV 分布的参数估计也是同样的。

Hosking 等（1990）将排序系列的值进行一定的线性组合来计算矩，定义为线性矩（Linear Moment），简称为 L - 矩，实际上，L - 矩的计算公式是概率权重矩的线性组合。矩、概率权重矩与 L - 矩三者之间存在着密切的关系。

利用 L - 矩对 GPD 分布参数 ε、β（u）估计的表达式为

$$\hat{\beta}(u) = (1 - \hat{\xi})\overline{X} \tag{5.35}$$

$$\hat{\xi} = 2 - \frac{\bar{x}}{\hat{\lambda}} \tag{5.36}$$

式中，$\hat{\lambda}$ 为 λ 的样本估计，$\lambda = \beta(u)/((1-\xi)(2-\xi))$。随机模拟表明，当形状参数 ξ 接近 0 时，对于比较小或者中等的样本量，ξ 的 L - 估计要比极大似然估计的效果好。

5.4.1.4 对极值指数的估计

不论是广义 Pareto 分布中，还是在 GEV 分布中，极值指数 ξ（也即形状参数）确定了极值分布的具体类型，而位置参数 μ 与尺度参数 σ 则与极值分布的类型无关。极值指数 ξ 反映尾分布收敛性质，ξ 越大，则尾部越厚，尾分布收敛速度越缓慢。

正是由于极值指数 ξ 的标志意义，对其估计也成为极值理论中的主要内容之一，Pickands 估计、Hill 估计及矩估计是几种较具代表性的方法。

（1）Pickands 估计

设 $X_{n,1} \leqslant X_{n,2} \leqslant \cdots \leqslant X_{n,n}$ 为 n 个观察值 $X_1, X_2, \cdots, X_n$ 的次序统计量，$m(n) = m$ 是一个整数序列，$m(n) \to \infty$，$m(n)/n \to 0$，则极值指数 ξ 的估计为

$$\hat{\xi}_n = (\log 2)^{-1} \log \frac{X_{n,n-k} - X_{n,n-2k}}{X_{n,n-2k} - X_{n,n-4k}}$$

Pickands（1975）提出了上述估计，并证明了其具有弱相合性的统计特性。Dekkers 等（1989）在 $m(n)/\log\log n \to \infty$ 假设下证明了估计 $\hat{\xi}_n$ 还具有强相合性。同时，他们的研究还证明了估计 $\hat{\xi}_n$ 具有渐近正态的性质。与其他估计相比，Pickands 估计具有相合的统计特性，但其估计的渐近有效性却比较弱。针对此问题，后来的一些学者如 Pereira（1993）、Yun（2000）对 Pickands 估计进行了修正以减小其估计的渐近方差。

Pereira 修正为

$$\hat{\xi}_{n,\theta}(k) = \frac{1}{-\log\theta} \log \frac{X_{n,n-[k\theta^2]} - X_{n,n-[k\theta]}}{X_{n,n-[k\theta]} - X_{n,n-k}}$$

式中，$\theta \in (0,1)$，$[x]$ 表示不超过 x 的最大整数。

Yun 修正为

$$\hat{\xi}_{n,c}(k) = \frac{1}{\log(4/c)} \log \frac{X_{n,n-k} - X_{n,n-[ck]}}{X_{n,n-[4k/c]} - X_{n,n-4k}}$$

式中，$c \in (1, 4)$，$k \in [1, n/4]$。

（2）Hill 估计

Hill（1975）提出了当极值指数 $\xi > 0$ 时的估计模型：

$$\hat{\xi}_n = \frac{1}{k} \sum_{j=1}^{k} \log \frac{X_{n,n-j+1}}{X_{n,n-k}}, k = 1, 2, \cdots, n-1$$

当次序统计量 $(X_1, X_2, \cdots, X_n)$ 是严格平稳的，且当 $\xi > 0$，$L \in \boldsymbol{R}_0$（即函数 L 为在无穷远处的缓变函数）时：

$$\overline{F}(x) = P(X > x) = x^{-1/\xi} L(x), \quad x > 0$$

对 Hill 估计，Mason（1982）、Hsing（1991）及 Resnick（1995）等给出了其具有弱收敛性的条件。Deheuvels 等（1988）证明了当 $k \to \infty$ 且 $k/\log \log n \to \infty$ 情况下，Hill 估计是强收敛的。当 $n \to \infty$、$k \to \infty$ 且 $k/n \to 0$ 时，Mattys 等（2000）证明了 Hill 估计的渐近正态性。

（3）矩估计

Hill 估计只使用于 $\xi > 0$ 的情况，Dekkers 等（1989）推广了 Hill 型估计，对 $\xi \in \boldsymbol{R}$，提出了如下的矩估计量，并证明了在不同条件下矩估计量 $\hat{\xi}$ 的强弱相合性与渐近正态性。

$$\hat{\xi}_n = M_n^{(1)} + 1 - \frac{1}{2} \left(1 - \frac{(M_n^{(1)})^2}{M_n^{(2)}} \right)^{-1}$$

式中，

$$M_n^{(l)} = \frac{1}{k} \sum_{i=1}^{k} (\log X_{n,n-i+1} - \log X_{n,n-k})^l, \quad l = 1, 2$$

以上极值指数 ξ 的三种方法，不论是 Hill 估计、Pickands 估计，还是矩估计，都是将指数的估计依赖于阈值的准确选取。所以，如何选取 k 的问题成为各种极值指数估计法有效实施的前提基础。

5.4.2　高分位数估计

5.4.2.1　GPD 分布中 VaR 的估计

5.1 节的研究表明，对一个充分大的阈值 u，$F(X)$ 的超出量条件分布函

数 $F_u(y)$ 可以 $G(y; \beta(u), \xi)$ 很好地近似，即：

$$F(x) = (1 - F(u))G(y;\beta(u),\xi) + F(u)$$

令 n 为样本数，n_u 为大于阈值 u 的样本 x 的个数，根据历史模拟法，$(n - n_u)/n$ 可用来近似表示 $F(u)$，上式则变形为

$$F(x) = \left(1 - \frac{n - n_u}{n}\right)G_{\beta(u),\xi}(x - u) + \frac{n - n_u}{n}$$

$$= 1 + \frac{n_u}{n}(G_{\beta(u),\xi}(x - u) - 1) \qquad (5.37)$$

用 GPD 的分布形式替代上式中的 $G_{\beta(u),\xi}(x - u)$，并对其进行统计估计，则尾部估计变为

$$\hat{F}(x) = 1 - \frac{n_u}{n}\left(1 + \hat{\xi}\frac{x - u}{\hat{\beta}(u)}\right)^{-1/\hat{\xi}} \qquad (x > u, \xi \neq 0) \qquad (5.38)$$

由于 VaR 即是损益分布的一个高分位数，对于一个给定的置信水平 q，则有 $\text{VaR}_q = F^{-1}(q)$。据此，式（5.38）进行变换，可进一步估计出给定的置信水平 q 下的分位数：

$$\text{VaR} = \hat{x}_P = u + \frac{\hat{\beta}(u)}{\hat{\xi}}\left(\left(\frac{n}{n_u}(1 - q)\right)^{-\hat{\xi}} - 1\right) \qquad (5.39)$$

式（5.38）、式（5.39），$\hat{\beta}(u)$ 与 $\hat{\xi}$ 分别表示 $\beta(u)$ 和 ξ 的估计量。

针对极值理论中的高分位数，一些学者也借助于不同的方法进行了相关方面的研究，可参见 Danielsson（1997a，1997b），Bermudez 等（2001），Ferreira（2002）等相关文献。

5.4.2.2 GPD 分布中 CVaR 的估计

VaR 作为最主要的风险度量估计，还存在以下几个缺陷：

1）风险正态分布假设不符合风险偏峰厚尾的统计特征，忽略了尾部极端风险 VaR 将注意力集中在一定置信度下的分位点上（即最大的预计损失），而该分位点以下的情况则完全被忽略了。McKay 等（1996）的研究也表明，VaR 不能反映诸如"美国 1987 年股灾"这样的极端事件。

2）不满足次可加性。计量的投资组合风险很可能大于组合中各种资产分

别计量的风险值之和，与风险分散化原理相悖（Artzner et al.，1999）。

3）只能估计超过某一损失的可能性，而无法测度损失程度。Basak 等（2001）研究认为，VaR 由于未考虑超过某高分位数的损失水平，因而其所提供的信息可能会误导投资者。

为弥补 VaR 存在的缺陷，Rockafeller 等（2000）提出了条件在险价值 CVaR（conditional value at risk），意指在投资组合的损失大于某个特定的 VaR 值条件下，该投资组合损失的平均值，故其又称为期望损失（expected short-fall，ES），公式表示为

$$CVaR = E(X \mid X > VaR) \tag{5.40}$$

与 VaR 相比，CVaR 满足次可加性（sub- additive）、正齐次性（positive homogeneous）、单调性（monotone）及变换的不变性（shift invariance），是一致性的风险度量（Acerbi et al.，2002）。

次可加性指若 $0 < \lambda < 1$，对任意两个损失变量 Y_1、Y_2，有

$$C_q(\lambda Y_1 + (1 - \lambda) Y_2) \leq \lambda C_q + (1 - \lambda) C_q(Y_2)$$

式中，q（$0 < q < 1$）为置信水平，下同。

正齐次性指对于任意正数 c，有

$$C_q(Y + c) = C_q(Y) + c$$

变换的不变性指对于任意一个固定的常数 c，有

$$C_q(Y + c) = C_q(Y) + c$$

Rockafeller 等（2000）的研究还表明 CVaR 还可以通过线性规划算法来进行优化。

然而，CVaR 作为 VaR 的衍生工具仍是建立在正态分布的假设上。CVaR 模型中的多个资产收益率序列或风险因子的联合分布服从多元正态分布及资产组合中的每一单个资产的线性相关性假设，导致了模型评估结果产生很大的偏差和误导。Embrechets 等（1999）也曾指出大量的实证均表明了这种假设与客观事实相悖，特别是当极值事件发生时，在正态分布和线性相关假设下进行的资产组合的风险分析及 CVaR 计算与实际偏差较大。

基于 CVaR 存在的以上问题，在金融风险管理领域中可引入 Copula 函数

（Sklar, 1959），Copula 函数将联合分布与它们各自的边际分布连接在一起，提供了一种描述相依性结构的方法。当考虑到多元极值之间的相依性时，Copula 函数引入极值 POT 模型可更准确度量极端状况下的 VaR，弥补 CVaR 的不足。

当然，本书主要考虑的是一维极值模型，尚未涉及多维极值情况。

由式（5.40）可推得

$$CVaR = VaR_p + E(X - VaR_p \mid X > VaR) \tag{5.41}$$

等式中右端的第二项表示超过阈值 VaR_p 以上的平均超出量分布 F_{VaR_p} (y)，根据 GPD 分布的性质，平均超出量分布 F_{VaR_p} (y) 的 GPD 分布具有形状参数 ξ 和尺度参数 β (u) $+\xi$ $(VaR_p - u)$。

而对于任意的 $u > u_0$，平均超出量函数 e (u) 都可定义为

$$e(u) = E[X - u \mid X > u] = \frac{\beta(u_0) + \xi(u - u_0)}{1 - \xi} \tag{5.42}$$

故有

$$E(X - VaR_p \mid X > VaR) = \frac{\beta(u) + \xi(VaR_p - u)}{1 - \xi} \tag{5.43}$$

若 $\xi < 1$ 时，结合式（5.43）与式（5.39），并代入到式（5.41），得

$$\widehat{CVaR_p} = \widehat{ES_p} = \frac{\widehat{VaR_p}}{1 - \hat{\xi}} + \frac{\hat{\beta}(u) - \hat{\xi}u}{1 - \hat{\xi}} \tag{5.44}$$

5.5　沪深股市极端风险实证分析

5.5.1　涨跌停板制度后沪深股市极端风险实证

5.5.1.1　指标与样本数据选取

为便于同 BMM 模型比较，本节的分析指标、收益率形式及数据选取均同于 4.4 节，即仍以沪深股市综合指数作为分析指标，采取对数收益率形式，数

据选取自 1996 年 12 月 26 日至 2008 年 3 月 12 日。

5.5.1.2　POT 模型条件检验

偏态性、独立性及平稳性检验结果均同 4.4 节，即沪深 $\{R_t\}$ 序列均为偏态、非独立但平稳的分布，符合 POT 模型条件。

另，图 5.2 为沪深序列 $\{R_t\}$ 关于标准正态分布的 QQ 图（左沪右深），图中散点曲线中部均与直线拟合，上尾与下尾分别向上、下方向偏离，且向下偏离的程度更大，直观显示了沪深序列 $\{R_t\}$ 均为显著的尖峰厚尾分布，且均存在"杠杆效应"，即利空因素对市场影响程度要大于利好因素对市场的影响。

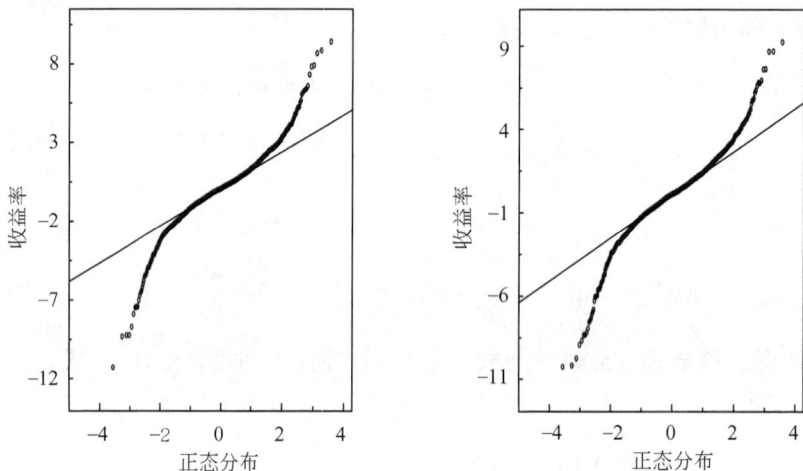

图 5.2　沪、深序列 $\{R_t\}$ 标准正态分布 QQ 图

5.5.1.3　阈值选取

目前，在 POT 模型中一般是根据样本平均超出函数图（MEF）来确定阈值 u 的选取的，平均超出函数图（MEF）的点集定义为 $\{(u, e(u)): X_1 < u < X_n\}$，其中，$e(u)$ 即为平均超出量，有关内容详见 5.3 节。

图 5.3、图 5.4 分别为沪深上（左）、下（右）尾部平均超出量函数图，图示沪上尾约在（2.1，4.1）区间，下尾约在（1.6，3.8）区间；深上尾约在（2.0，4.7）区间，下尾约在（2.0，4.0）区间，阈值 u 呈近似线形且具

有正的斜率，意味着这些区间可作为阈值的选取区间。

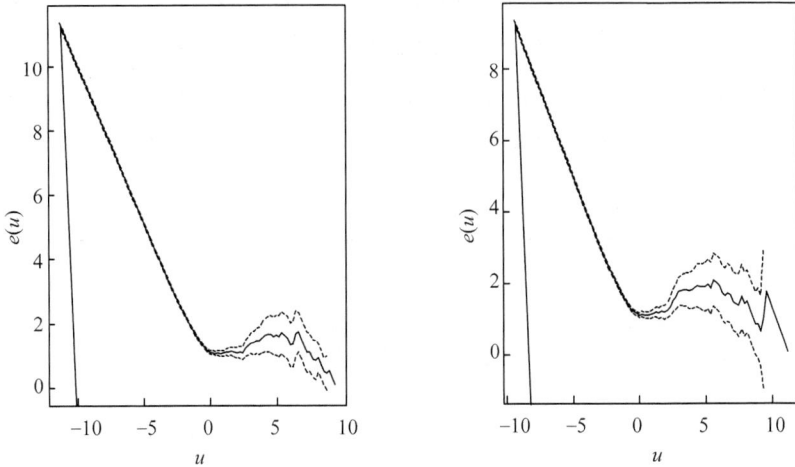

图5.3 沪上、下尾部平均超出量函数

　　然而问题在于，以平均超出函数图（MEF）确定阈值 u 存在着较大的主观性。例如，观测图5.3、图5.4，不同的人可以做出阈值 u 的不同选择。为了解决此问题，降低阈值 u 选取的任意性，这里将参数估计值稳定法引入到POT 模型中以弥补平均超出函数图（MEF）存在的不足。如果 u_0 是适当的阈值，相应的超出量服从 GPD 分布，则对于大于 u_0 的其他阈值 u，相应的估计

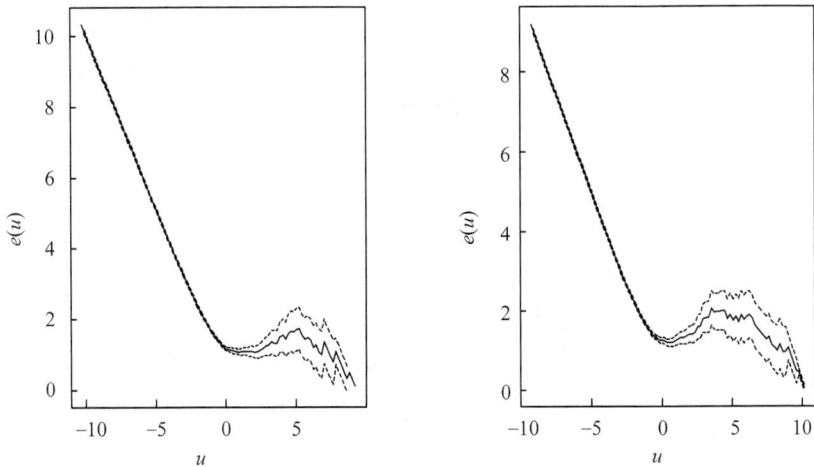

图5.4 深上、下尾部平均超出量函数

量尺度参数 β（u）与形状参数 ξ 应保持不变。

图 5.5～图 5.8 分别是沪深序列 $\{R_t\}$ 上、下尾部修正的尺度参数 β（u）（上图）与形状参数 ξ（下图）估计量随阈值 u 的改变而发生的变化，各图均是在阈值 1～4 均匀地选取 100 个值作为阈值，用 GPD 模型估计得到的 100 组参数值（$\hat{\sigma}$，$\hat{\xi}$）。相对于平均超出量函数图（MEF）5.3 与图 5.4 具有较小的抽样误差，扰动较少。

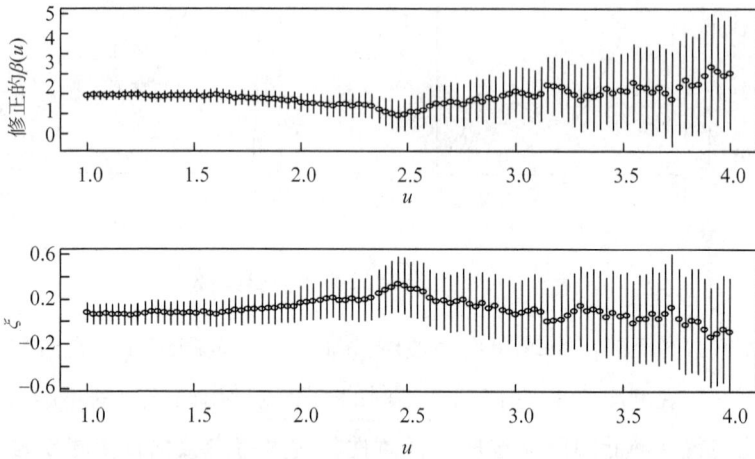

图 5.5　沪上尾参数 β 与 ξ 随 u 的择选发生的变化

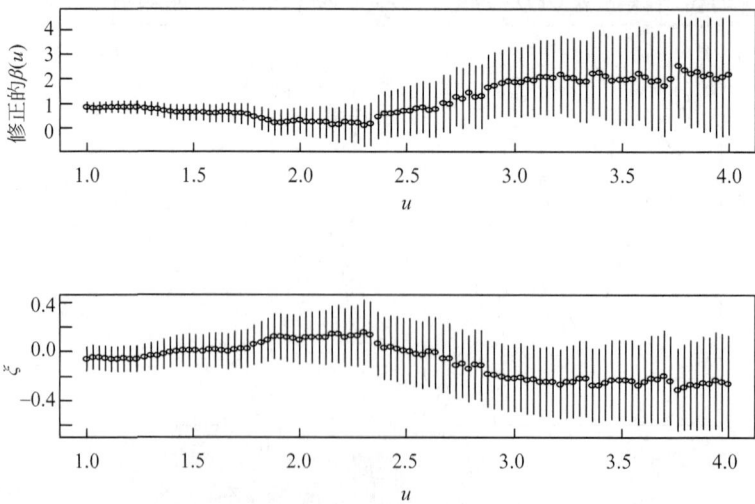

图 5.6　沪下尾参数 β 与 ξ 随 u 的择选发生的变化

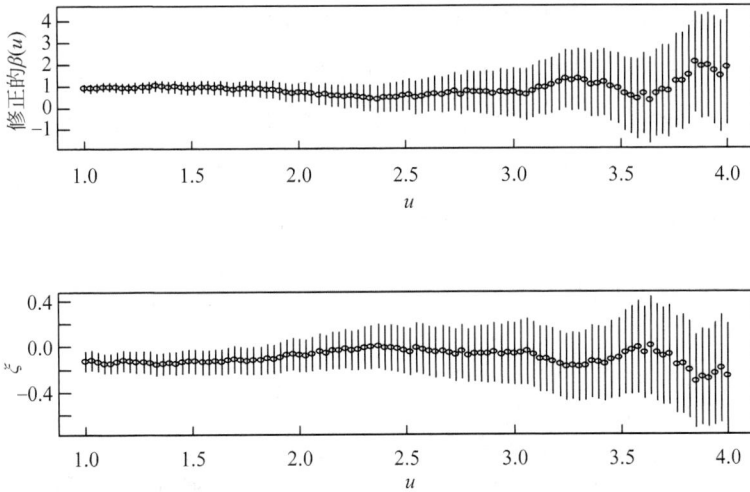

图 5.7　深上尾参数 β 与 ξ 随 u 的择选发生的变化

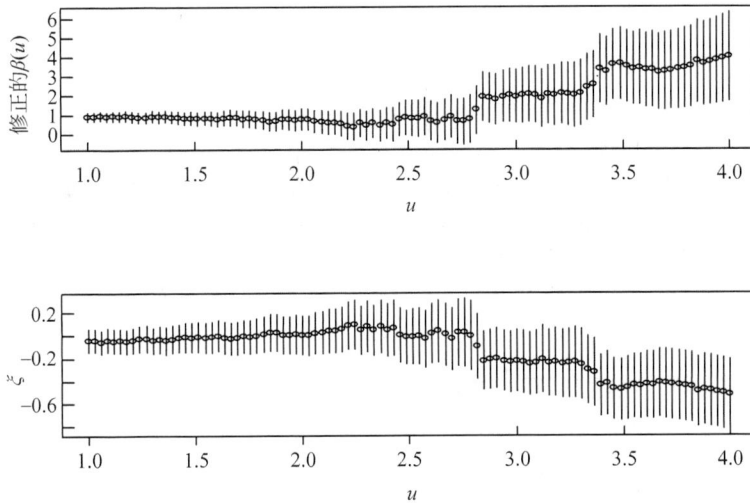

图 5.8　深下尾参数 β 与 ξ 随 u 的择选发生的变化

　　根据估计量稳定性判断法的原则，若相应的超出量服从 GPD 分布，则对于大于初始阈值 u_0 的其他阈值 u，相应的尺度参数 $\beta(u)$ 与形状参数 ξ 估计量应保持不变。并且，为了保证极值模型的准确性，应在参数估计值平稳的基础上选取最大的阈值。考察沪深序列 $\{R_t\}$ 的上、下尾部参数估计量随阈值 u 的改变而发生的变化，沪序列 $\{R_t\}$ 上、下尾部阈值可分别选取为：$u_{\text{up}}^{\text{sh}} = 2.5$，

$u_{\text{down}}^{\text{sh}} = 2.1$;深序列上、下尾部阈值 u 可分别选取为 $u_{\text{up}}^{\text{sz}} = 2.4$、$u_{\text{down}}^{\text{sz}} = 2.3$。

　　阈值 u 确定后,可知在沪市 2715 个数据中,上尾部极值数据为 144 个,下尾部极值数据为 182 个;而深市 2703 个数据中,上尾部极值数据 175 个,下尾部极值数据 182 个。沪(上图)、深(下图)序列 $\{R_t\}$ 的上(左图)、下(右图)极值序列示意图见图 5.9。其中,沪深序列 $\{R_t\}$ 极小值序列已加负号处理。

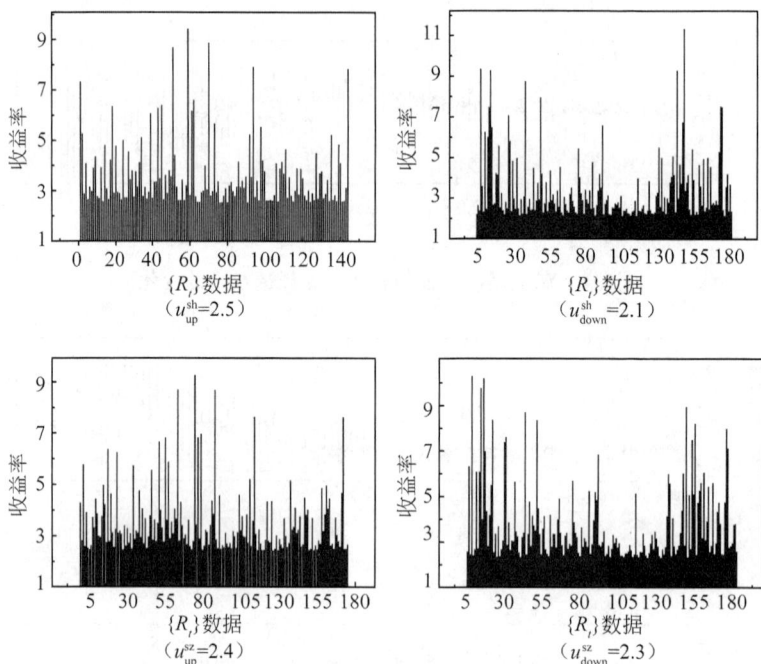

图 5.9　沪、深序列 $\{R_t\}$ 上、下尾部极值数据

5.5.1.4　拟合检验与参数估计

(1) 拟合检验

　　阈值 u 选取后,用 GPD 分布即可拟合数据的尾部分布及超出量分布,但首先需要对模型进行诊断。

　　沪深序列 $\{R_t\}$ 的上、下尾部拟合的诊断状况见图 5.10 ~ 图 5.13。各图左上为超出量分布图(excess distribution),右上为总体分布的尾部分布图(tail of underlying distribution),左下为残差的 QQ 图(QQplot of residuals),右

下为重现水平图（plot of record development）。

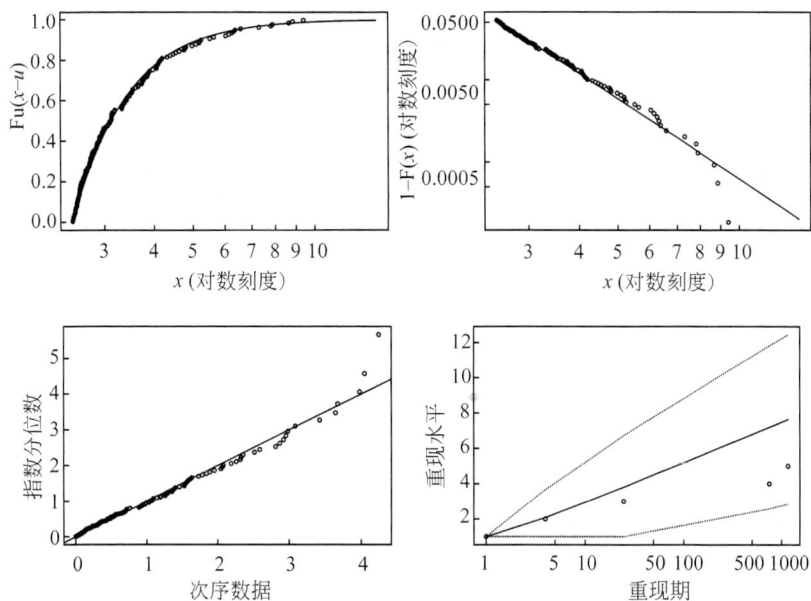

图 5.10　沪上尾 GPD 分布拟合诊断

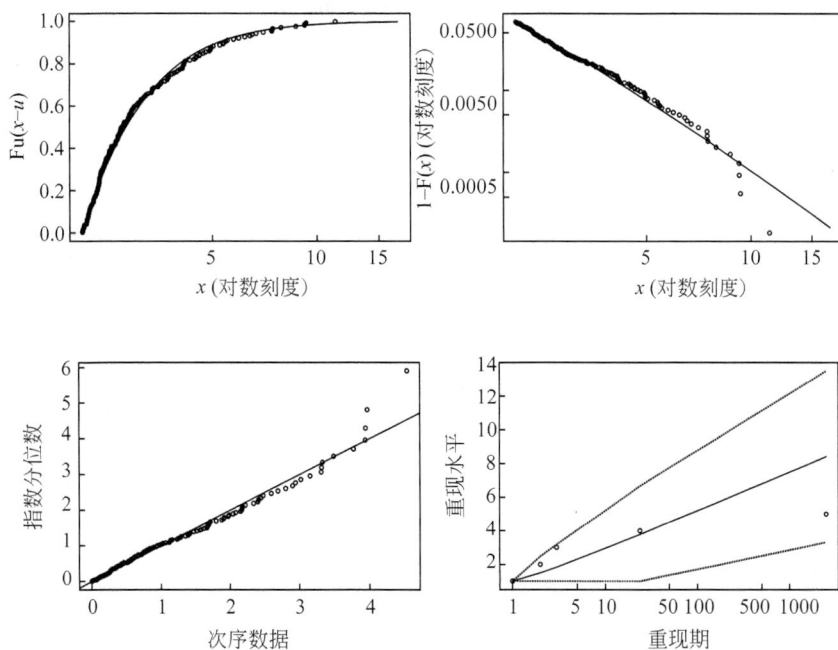

图 5.11　沪下尾 GPD 分布拟合诊断

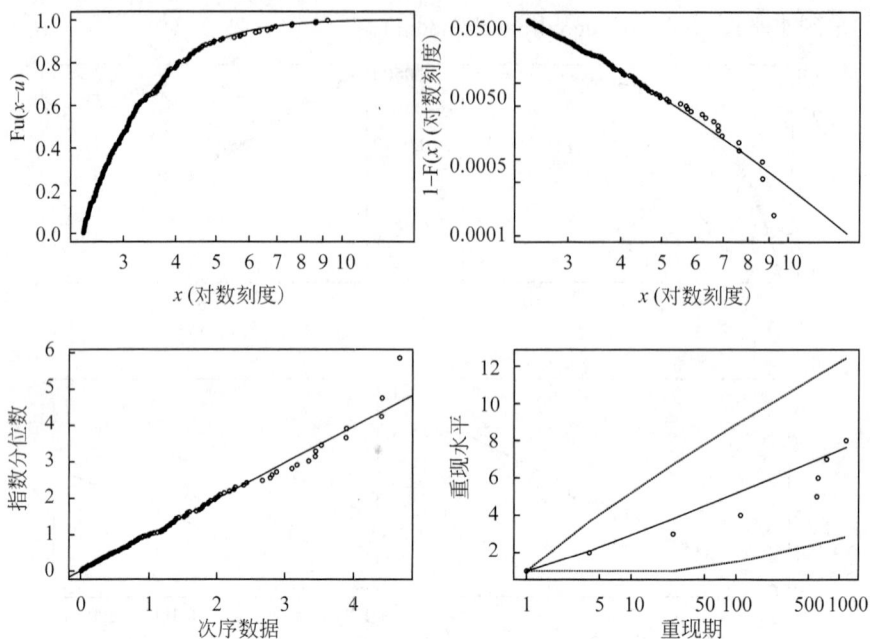

图 5.12　深上尾 GPD 分布拟合诊断

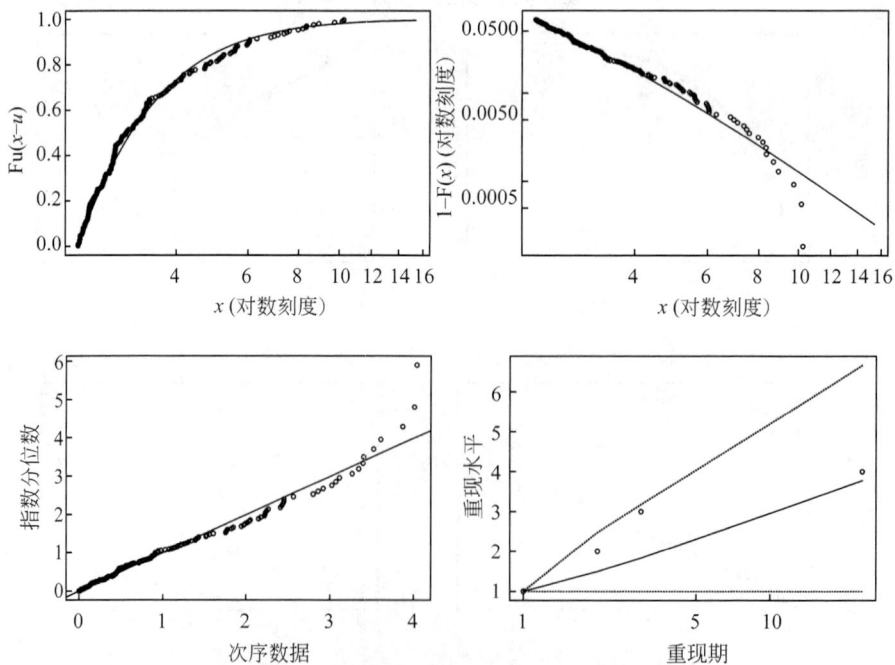

图 5.13　深下尾 GPD 分布拟合诊断

观察各拟合诊断图，在超出量分布图、总体分布的尾部分布图及残差的 QQ 图中，散点紧密围绕参照线分布，表明分布拟合情况较令人满意，重现水平图中也显示估计的重现水平也全在重现水平的置信区间内。因此，基于以上选定的阈值进行 GPD 分布拟合，可得到较好的估计效果。

（2）参数估计

同 BMM 模型，GPD 分布虽不满足正则条件，在使用极大似然估计法（MLE）时存在理论上的缺陷，但并不妨碍其在 POT 模型中的应用，详见 5.4 节。利用极大似然估计法（MLE）估计 POT 模型的参数，估计结果如表 5.1 所示。

表 5.1 数据显示下尾部 POT 模型 ξ 估计值均大于 BMM 模型相应值，而上尾部两个模型 ξ 估计值却出现交错现象，这初步表明涨跌停板制度对沪深上尾部的极值数据存在更显著的影响。

分析认为，这种不均衡影响主要是因为在涨跌停板制度下"杠杆效应"依然存在，使得下尾部极值数据的异质性弱化程度相对较小，而上尾极值数据则相对程度较大，出现"极值不极"现象，影响了 POT 模型的估计。至于沪深序列 $\{R_t\}$ 中的"杠杆效应"，可从上、下尾部 ξ 估计值反映出，在表 5.1 数据中，BMM 模型和 POT 模型计算的下尾 ξ 估计值均大于上尾估计值，而极值指数 ξ 越大则意味着尾部分布越厚。

表 5.1　沪深序列 $\{R_t\}$ 尾部参数估计

		尾部	沪市		深市	
			BMM	POT	BMM	POT
ξ	值	上尾	0.261 8	0.304 0	0.225 2	0.196 8
		下尾	0.265 7	0.315 1	0.267 2	0.283 8
	标准差	上尾	0.082 8	0.125 9	0.078 2	0.099 4
		下尾	0.068 8	0.108 8	0.075 5	0.112 7
	t 值	上尾	3.160 0	2.414 2	2.880 7	1.979 5
		下尾	3.862 2	2.897 2	3.540 9	2.517 6

续表

		尾部	沪市		深市	
			BMM	POT	BMM	POT
β	值	上尾	0.975 5	0.797 3	0.994 6	0.892 1
		下尾	1.002 8	0.915 3	1.095 5	1.054 0
	标准差	上尾	0.081 4	0.118 7	0.080 5	0.110 6
		下尾	0.080 6	0.118 5	0.089 8	0.140 5
	t 值	上尾	11.980 5	6.717 4	12.361 3	8.065 3
		下尾	12.448 0	7.726 0	12.205 1	7.503 8

注：为便于 POT 模型与 BMM 模型比较，BMM 模型参数估计也列入表中，下同。

5.5.1.5　极值风险计算

根据式（5.39）、式（5.44）计算沪深序列 $\{R_t\}$ 上、下尾部风险值，并与正态分布 VaR 模型及 BMM 模型结果相比较，如表 5.2 所示。

表 5.2　沪深序列 $\{R_t\}$ 尾部风险值

	置信水平	尾部	VaR 模型		BMM 模型	POT 模型	
			VaR^{Nor}	$CVaR^{Nor}$	VaR^{BMM}	VaR^{POT}	$CVaR^{POT}$
沪市	95%	上尾	2.714 7	3.390 3	2.079 4	2.548 7	3.715 5
		下尾	2.604 7	3.280 4	2.108 3	2.388 1	3.857 1
	99%	上尾	3.816 7	4.364 6	4.024 3	4.234 7	6.138 0
		下尾	3.706 7	4.254 6	4.023 9	4.497 1	6.936 6
深市	95%	上尾	2.888 0	3.806 9	2.145 8	2.637 9	3.806 8
		下尾	2.786 4	3.507 2	2.211 8	2.629 0	4.231 0
	99%	上尾	4.063 6	4.648 2	4.072 0	4.415 7	6.020 0
		下尾	3.962 0	4.546 5	4.405 4	4.969 5	7.499 0

注：1. 表中 VaR^{POT} 表示利用 POT 模型计算出的 VaR 值，其他表示同理，下文均同；
　　 BMM 法按区间取极值无 CVaR 指标。

表 5.2 数据表明，根据 POT 模型计算，在置信水平 95% 下，沪序列 $\{R_t\}$ 正的收益率在 2.5487% 以内，下一年超过此收益率的可能性为 5%，若超出时

平均收益率为 3.7155%。而在置信水平 99% 下，沪序列 $\{R_t\}$ 正的收益率在 4.2347% 以内，下一年超过此收益水平的可能性为 1%，若超出则平均收益率为 6.1380%。沪序列 $\{R_t\}$ 负的收益率及深正、负收益率的 POT 模型的预测意义解释均同，不再重复解释。

表 5.3 为利用轮廓似然函数计算出的 99% 置信水平下的沪深序列 $\{R_t\}$ 上、下尾部的 VaR^{POT} 和 CVaR^{POT} 的不对称区间，相应见图 5.14，上图为沪，左图为上尾。

表 5.3　沪深序列 $\{R_t\}$ 置信水平 99% 下 VaR^{POT} 与 CVaR^{POT} 的置信区间

			置信区间下限	估计值	置信区间上限
沪	上尾	VaR^{POT}	3.918 9	4.234 7	4.657 0
		CVaR^{POT}	5.247 4	6.138 0	8.808 4
	下尾	VaR^{POT}	4.095 7	4.497 1	5.049 4
		CVaR^{POT}	5.780 4	6.936 6	10.045 1
深	上尾	VaR^{POT}	4.100 0	4.415 7	4.829 9
		CVaR^{POT}	5.302 3	6.020 1	7.627 6
	下尾	VaR^{POT}	4.531 4	4.961 0	5.567 5
		CVaR^{POT}	6.307 0	7.499 0	10.702 2

表 5.2 分析的三个初步判断：

判断（一）：在较高置信水平 99% 下，VaR^{BMM}、VaR^{POT} 及 CVaR^{POT} 均大于正态分布 VaR 模型估计的相应值，而 VaR^{POT} 又大于 VaR^{BMM}。

判断（二）：在较低置信水平 95% 下，VaR^{POT} 依然大于 VaR^{BMM}，但两者却均小于正态分布 VaR 模型估计的相应值。

判断（三）：正态分布 VaR 模型、BMM 模型与 POT 模型对沪深序列 $\{R_t\}$ 是否存在"杠杆效应"存在分歧。表 5.2 数据显示：VaR 模型结果显示存在反向的"杠杆效应"，99% 与 95% 置信水平下上尾极端风险值都大于下尾值；BMM 模型除了 99% 置信水平下沪上、下尾部极端风险值基本相等情况

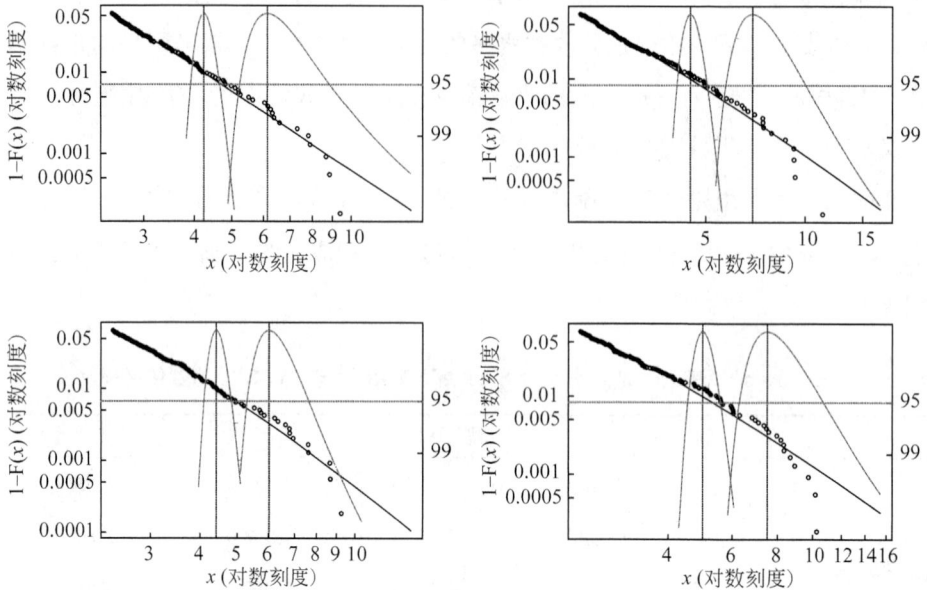

图 5.14 沪深序列 $\{R_t\}$ 置信水平 99% 下 VaR^{POT} 与 CVaR^{POT} 的置信区间

外，其他均显示了"杠杆效应"；POT 模型在 95% 置信水平下显示了反向的"杠杆效应"，而在 99% 置信水平下却"杠杆效应"显著。

如果只是基于以上判断即做出结论断定，则必然得出极值模型只是在较高置信水平下对尾部估计有效，而在较低的置信水平下则存在低估的问题，尚不及 VaR 模型有效的结论。而且，这个结论也符合目前极值理论的有关研究结论。但注意到 CVaR 值却显著低于 CVaR^{POT}，此时极值模型的 VaR 与 CVaR 指标在反映真实风险水平上出现了歧义。同时，分析还发现第三个判断与表 5.1 的分析结果相矛盾，表 5.1 中极值指数 ξ 估计值均是下尾值大于上尾值，表明在涨跌停板制度下沪深序列 $\{R_t\}$ 依然存在较显著的"杠杆效应"。

本书分析认为如果要解决以上矛盾，还必须对 BMM、POT 及正态分布 VaR 模型在不同置信水平下的有效性进行进一步验证，只有在判断各模型的有效性的基础上才能彻底解决以上问题，并对沪深序列 $\{R_t\}$ 的尾部极端风险作较精确的估计。

5.5.2　涨跌停板制度前沪深股市极端风险实证

1996 年 12 月 26 日，沪深股市实施涨停制度（raising limit），当日涨跌幅度被限制在 ±10 以内，这使沪深股市的极端风险在此前后表现出很大差别，见沪深 $\{R_t\}$ 序列在涨跌停板制度实施前后的波动图 5.15、图 5.16。由于沪深股市出现的这种数据结构变化，必须分段进行极端风险的测度，而且比较涨跌停板制度前后的极端风险也可反映出涨跌停板制度对沪深股市极端风险的抑制作用。

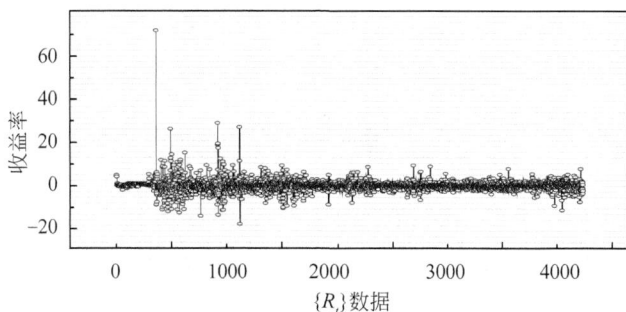

图 5.15　沪市序列 $\{R_t\}$ 波动图（1990~2008 年）

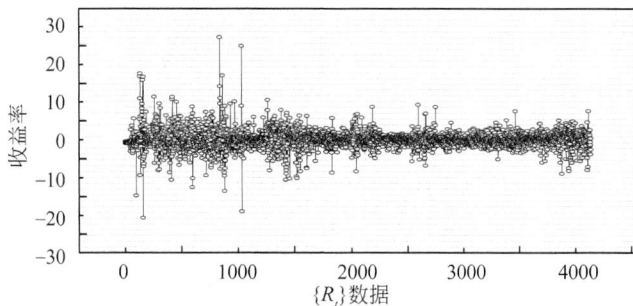

图 5.16　深市序列 $\{R_t\}$ 波动图（1990~2008 年）

另外，由于一些序列数据结构等方面的原因，平均超额函数 $e(u)$ 法或参数估计量稳定判断法存在失效的状况，这就需要采取 5.3 节中一些定量方法来解决，如图 5.17、图 5.18 为涨跌停板制度前沪、深序列 $\{R_t\}$ 上、下尾部的样本平均超额函数图，根据图形很难选择一个适宜的阈值范围，使阈值以上的图形成近似线形并具有正的斜率。此时，若观测涨跌停板制度前沪深序列 $\{R_t\}$ 上下尾部的 ξ 参数估计量随阈值 u 的改变而发生的变化，见图 5.20、图 5.21，也难以择选适宜的阀值。

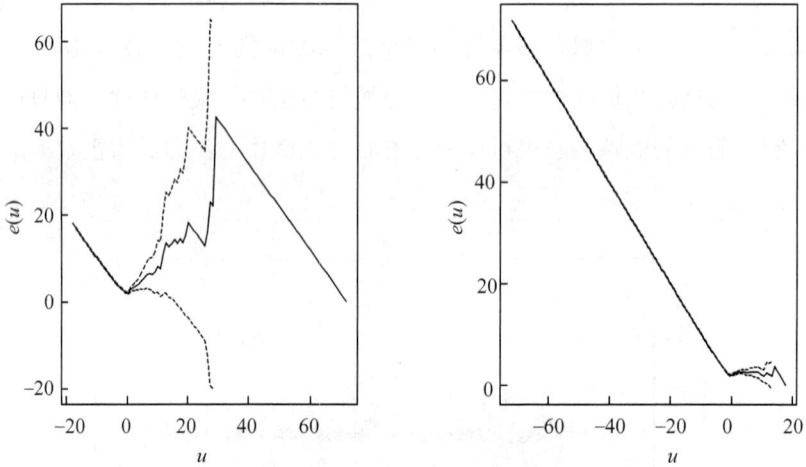

图 5.17　涨跌停板制度前沪上、下尾部平均超出量函数

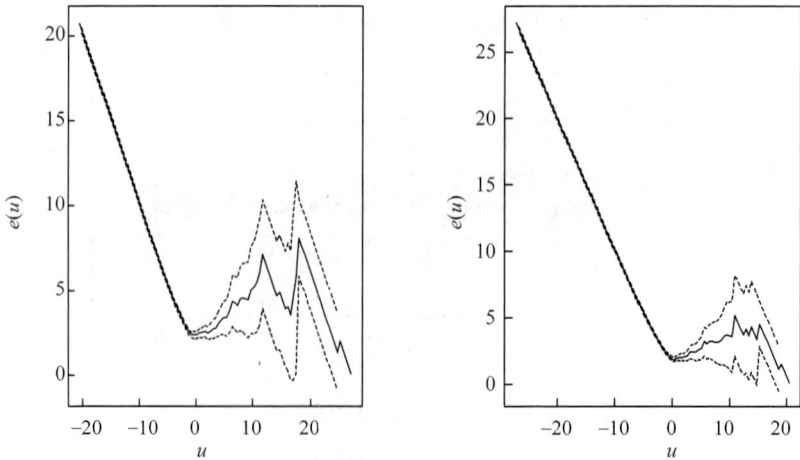

图 5.18　涨跌停板制度后沪上、下尾部平均超出量函数

5.5.2.1 指标与样本数据选取

本节分析指标、收益率形式、数据选取均同于 5.1 节实证部分，即仍以沪深股市综合指数作为分析指标，采取对数收益率形式，数据选取：沪市自 1990 年 12 月 19 日（基准日）至 1996 年 12 月 26 日，数据共有 1521 个；深市自 1991 年 4 月 3 日（基准日）至 1996 年 12 月 26 日，数据共有 1433 个。

5.5.2.2 POT 模型条件检验

（1）偏态性检验

涨跌停板制度后沪深序列 $\{R_t\}$ 关于标准正态分布的 QQ 图 5.19（左沪右深）显示，散点曲线中部与直线拟合，上、下尾分别向上、下方向偏离，并且下尾偏离程度更显著些，这表明涨跌停板制度前沪深序列 $\{R_t\}$ 均为显著的厚尾尖峰分布，并且沪深序列 $\{R_t\}$ 均中存在显著的"杠杆效应"。

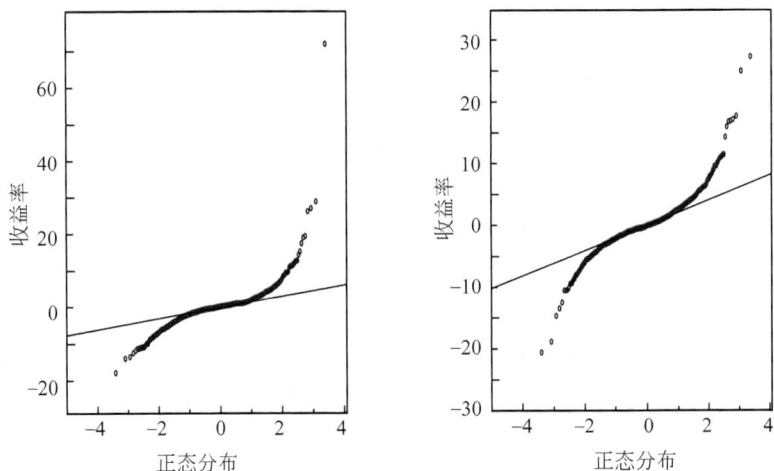

图 5.19 涨跌停板制度前沪深序列 $\{R_t\}$ 标准正态分布 QQ 图

同涨跌停板制度实施后的标准正态分布的 QQ 图 5.2（5.5.1 节）相比较，可看出，沪深序列 $\{R_t\}$ 在实施涨停前后均为尖峰厚尾分布，但涨跌停板制度前为右偏分布，而涨跌停板制度后为左偏分布，表明涨跌停板制度对沪

深序列 $\{R_t\}$ 极端数据的分布状态存在很大的抑制作用①。

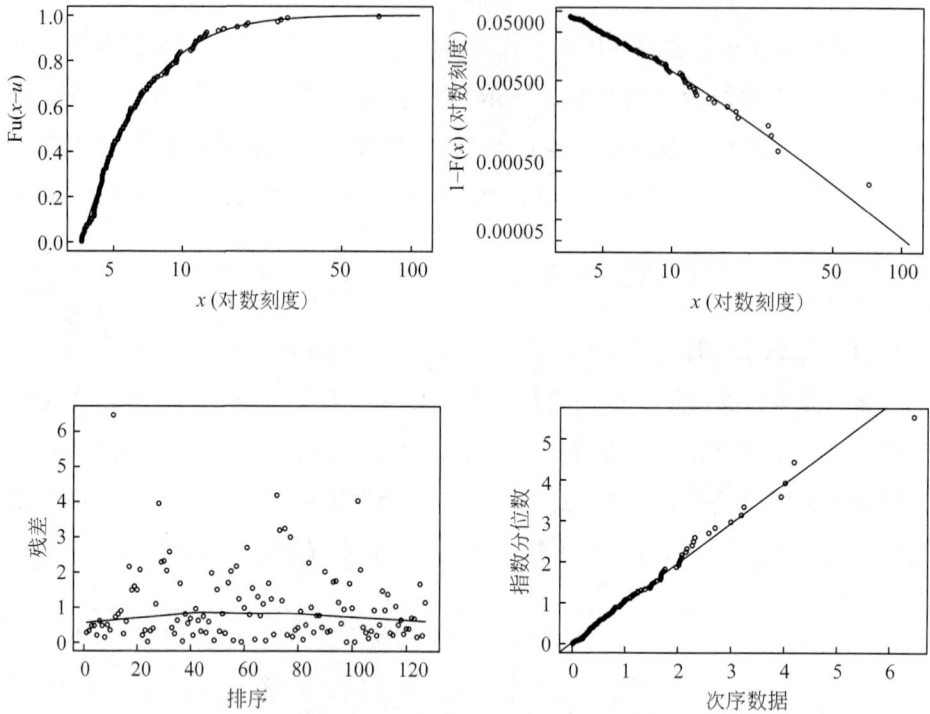

图 5.20 涨跌停板制度前沪上尾 GPD 分布拟合诊断

涨跌停板制度前沪深序列 $\{R_t\}$ 的统计特征值检验结果详见表 5.4，与涨跌停板制度后的统计特征值（见表 4.1）相比较，可看出：

表 5.4 涨跌停板制度前深沪 $\{R_t\}$ 序列统计特征值

	沪	深		沪	深
Mean	0.144 1	0.074 9	Std. Dev	3.823 7	3.270 1
Mid	0.099 5	−0.159 9	Skewness	5.214 7	0.909 7
Max	71.915 2	27.221 0	Kurtosis	90.972 1	13.647 2
Min	−17.905 1	−20.610 9	JB 值	497 358.000 0	6 966.374 0

---

① 这里只是表述沪深序列 $\{R_t\}$ 在涨跌停板制度前后的分布状态，而并不是说涨跌停板制度使得沪深序列 $\{R_t\}$ 由右偏分布转变为左偏分布，沪深序列 $\{R_t\}$ 的偏态是受多种因素共同影响的。

1）沪深两市收益率均值（mean）限制后均明显低于涨跌停板制度前，尤其是沪市近乎降了两倍，从 0.1441 降为 0.0558，深市则只是从 0.0749 降为 0.0549。

2）涨跌停板制度对沪深两市极值抑制作用显著，涨跌停板制度前沪深涨跌空间为 [-17.9051，71.9152]、[-20.6109，27.2210]，涨跌停板制度后则分别为 [-11.3037，9.4014]、[-10.2629，9.2438]，序列的标准差（Std. Dev）也表明了较大幅度的变化，并且沪市极值受到更大的约束，尤其是在上尾部。

3）涨跌停板制度前沪深序列 $\{R_t\}$ 的呈右偏分布，而涨跌停板制度后序列呈左偏分布。涨跌停板制度前偏度系数（skewness）为正，且峰度系数（kurtosis）较大，涨跌停板制度后偏度系数为负，且峰度系数相对较小，这意味涨跌停板制度后收益率为负的情况出现的频率显著增加，且分布具有较平坦的峰部。

（2）独立性检验

对涨跌停板制度前的沪深序列 $\{R_t\}$ 进行独立性检验，检验结果见表 5.5。涨跌停板制度前沪深序列 $\{R_t\}$ 的 BDS 统计量均为正值，表明序列不遵从随机游走过程，出现明显的聚集现象，为非独立分布。从涨跌停板制度前沪深收益率序列 $\{R_t\}$ 的波动图 5.15 和图 5.16 也可直接观测出两序列均存在显著的相关性。

表 5.5　涨跌停板制度前深沪 $\{R_t\}$ 序列 BDS 检验

维度		2	3	4	5	6
BDS 统计量	沪	0.046 385	0.090 376	0.124 082	0.142 287	0.151 232
	深	0.035 521	0.068 637	0.091 273	0.103 278	0.108 148
标准差	沪	0.003 000	0.004 784	0.005 719	0.005 986	0.005 798
	深	0.002 641	0.004 191	0.004 985	0.005 191	0.005 002
z 统计量	沪	15.461 51	18.890 98	21.695 01	23.769 14	26.082 68
	深	13.451 75	16.377 44	18.308 58	19.895 35	21.622 11

（3）平稳性检验

对涨跌停板制度前沪深序列 $\{R_t\}$ 进行平稳性验证，ADF 检验结果见表5.6。涨跌停板制度前沪深序列 $\{R_t\}$ t 统计量分别为 $-36.322\,94$、$-35.331\,52$，均小于各自显著性水平为 10% 的临界值 $-1.616\,559$ 与 $-1.616\,551$，故拒绝存在单位根的原假设，序列为平稳的。涨跌停板制度前沪深序列 $\{R_t\}$ 波动图 5.15 和图 5.16 也直观地显示了平稳性的存在，同涨跌停板制度后的情形，涨跌停板制度前的序列 $\{R_t\}$ 也以零收益率点为轴上下波动。

表5.6　涨跌停板制度前深沪序列 $\{R_t\}$ ADF 检验

		t 统计量		Prob.
		沪	深	沪、深
Augmented Dickey-Fuller 检验统计量		$-36.322\,94$	$-35.331\,52$	0.000 0
检验临界值	1% 显著性水平	$-2.566\,484$	$-2.566\,578$	
	5% 显著性水平	$-1.941\,032$	$-1.941\,045$	
	10% 显著性水平	$-1.616\,559$	$-1.616\,551$	

检验结果表明：涨跌停板制度前沪深 $\{R_t\}$ 序列均为偏态、非独立但平稳的分布，符合 POT 模型条件。

5.5.2.3　阈值选取

针对涨跌停板制度前沪深序列 $\{R_t\}$ 应用样本平均超额函数图（MEF）及参数估计稳定判断法难以选择阈值的问题，本节采用 Pieere Patie（2000）的峰度法进行阈值择选，具体内容与步骤详见 5.3 节，表5.7 是利用 Matlab 编程（程序段见附录 A3）进行运算所得的涨跌停板制度前沪深序列 $\{R_t\}$ 上下尾部的阈值结果：

表5.7　峰度法计算的阈值

		阈值 u	峰度	N_u
沪市	上尾部	3.561 3	2.997 8	127
	下尾部	3.508 9		129

续表

		阈值 u	Kurtosis	N_u
深市	上尾部	5.235 7	2.997 4	69
	下尾部	5.457 6		45

注：N_u 为超阈值 u 的样本数据个数。

5.5.2.4 拟合检验与参数估计

（1）拟合检验

确定阈值 u 后，即可用 GPD 分布拟合数据的尾部分布及超出量分布，拟合检验的诊断分析可见图 5.20 至图 5.23。超出量分布图（excess distribution）、总体分布尾部分布图（tail of underlying distribution）、残差的分散图（scatterplot of residuals）及残差的 QQ 图（QQplot of residuals）分布的拟合情况都较令人满意，基于选定的阈值进行 GPD 分布拟合，可得到较好的估计效果。

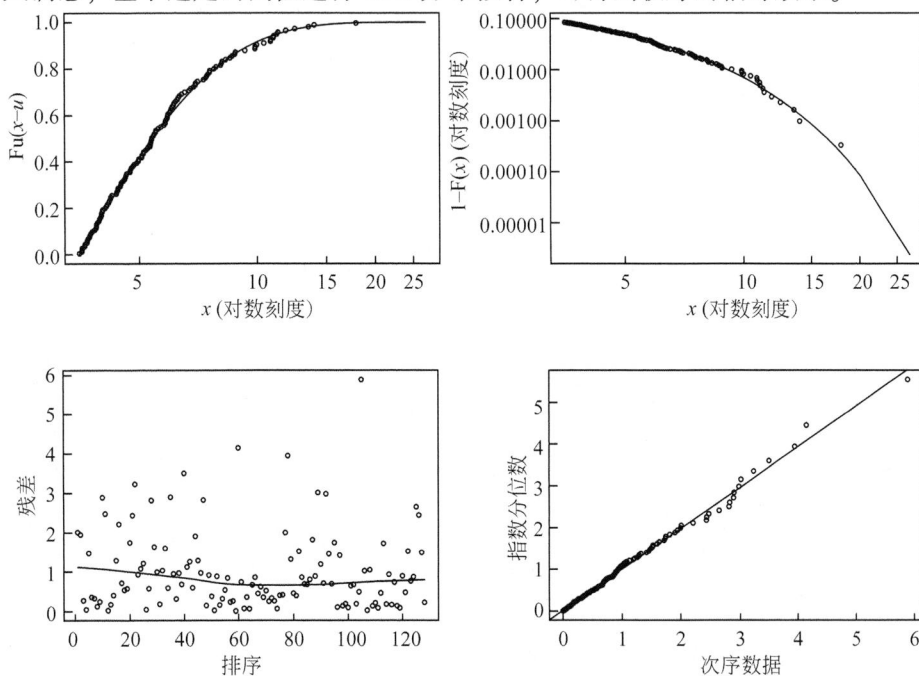

图 5.21　涨跌停板制度前沪下尾 GPD 分布拟合诊断

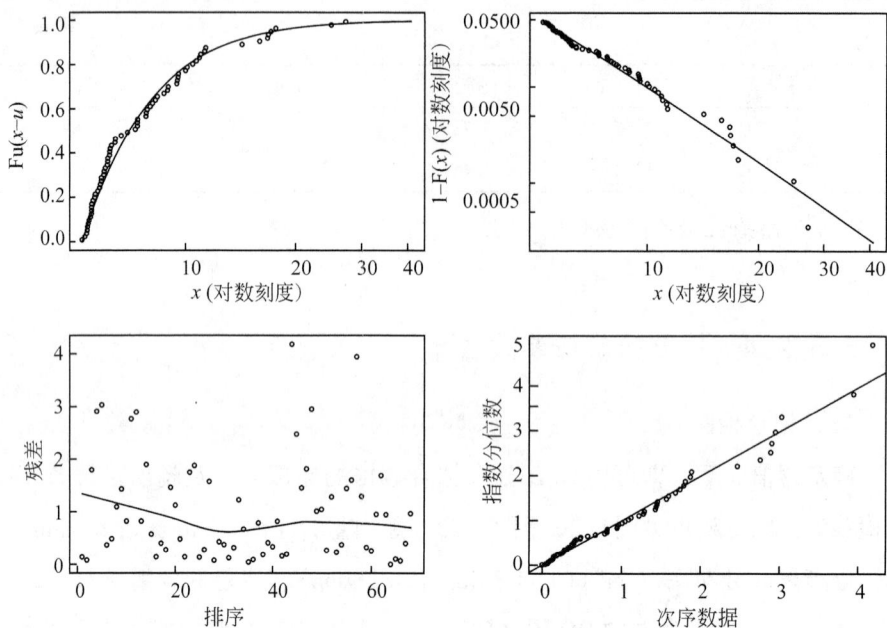

图 5.22 涨跌停板制度前深上尾 GPD 分布拟合诊断

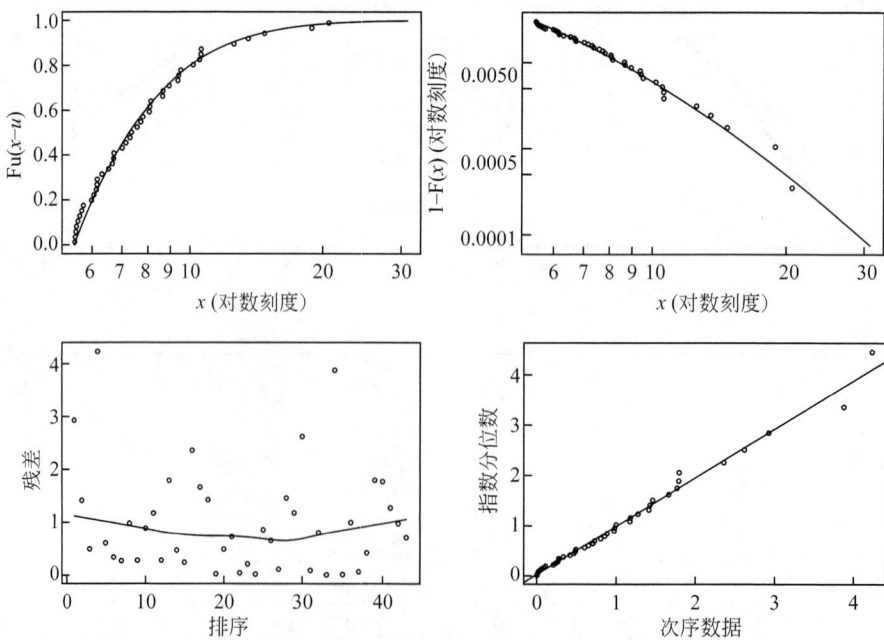

图 5.23 涨跌停板制度前深下尾 GPD 分布拟合诊断

（2）参数估计

利用极大似然估计法（MLE）估计 POT 模型的参数，估计结果如表 5.8 所示。

表 5.8　涨跌停板制度前沪深序列 $\{R_t\}$ 尾部参数估计

		ξ			β		
		值	标准差	t 值	值	标准差	t 值
沪市	上尾	0.374 4	0.117 0	3.199 1	2.498 1	0.357 4	6.990 1
	下尾	−0.042 7	0.090 4	−0.471 9	2.765 4	0.349 4	7.914 1
深市	上尾	0.360 3	0.187 9	1.917 3	2.255 8	0.494 8	4.559 0
	下尾	0.170 5	0.201 6	0.845 7	2.443 7	0.614 4	3.977 3

需注意的是，表 5.8 中涨跌停板制度前沪序列下尾部的 ξ 值为负，但这并不意味着是上尾部为厚尾分布而下尾为非厚尾的 ParetoⅢ型分布。这里的负值只是基于峰度法确定的阈值基础上得到的 GDP 拟合的参数估计。图 5.19 已表明涨跌停板制度前的沪深序列 $\{R_t\}$ 均为显著的厚尾分布，而且与涨跌停板制度后的分布相比较，厚尾特征更明显。这里的负值意味着由于受涨跌停板制度前沪深数据结构的影响，峰度法确定的阈值可能有些较高，被分析的数据比较接近分布的极端，但由于极端数据较少，可能导致较大程度的估计方差。

图 5.24、图 5.25 分别为涨跌停板制度前沪深序列 $\{R_t\}$ 上尾（上图）与下尾（下图）的形状参数 ξ 随阈值 u 的选择而发生的变化。结合图 5.17 和图 5.18 可以看到，峰度法对涨跌停板制度前的沪深序列尾部阈值的选取基本倾向于可选领域的较上端。

另外，观测图 5.24、图 5.25 中 ξ 随阈值 u 的选择而发生的变化，也可看出 5.5 节阈值选取的参数稳定判断法在这里是无效的。根据估计量稳定性判断法的原则，应在使参数估计值在阈值附近呈平稳性的基础上选取最大的阈值。而在图 5.24、图 5.25 中，尤其是图 5.24 下图中，很难找到这一平稳的线性分布。至于极值理论中的经典 Hill 图估计，其点集定义为：$\{(k, H_{k,n}^{-1}), 1 \leqslant k \leqslant n\}$，也属于参数稳定判断法范畴，凭借图中 Hill 估计值的变化，选择呈平稳线性状态

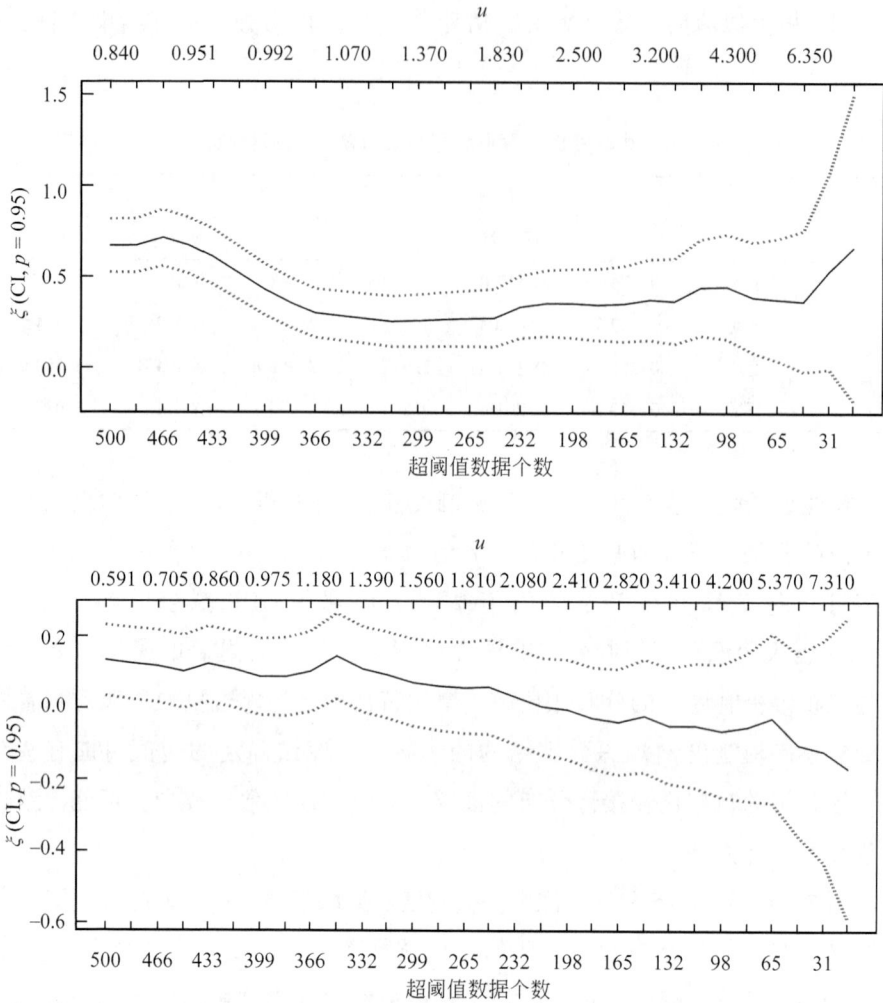

u

| 0.840 | 0.951 | 0.992 | 1.070 | 1.370 | 1.830 | 2.500 | 3.200 | 4.300 | 6.350 |

超阈值数据个数

u

| 0.591 | 0.705 | 0.860 | 0.975 | 1.180 | 1.390 | 1.560 | 1.810 | 2.080 | 2.410 | 2.820 | 3.410 | 4.200 | 5.370 | 7.310 |

超阈值数据个数

图 5.24　涨跌停板制度前沪序列 $\{R_t\}$ 上下尾形状

参数 ξ 随阈值 u 选择发生的变化

的最大值得到阈值的所在位置，而考察 ξ 随阈值 u 的选择而发生的变化，利用 Hill 图无疑也是难以确定适宜的阈值的。

极值数据常常呈现出较强的不稳定性，导致一些方法的失效，这也是极值理论研究与应用中经常遇到的难题。

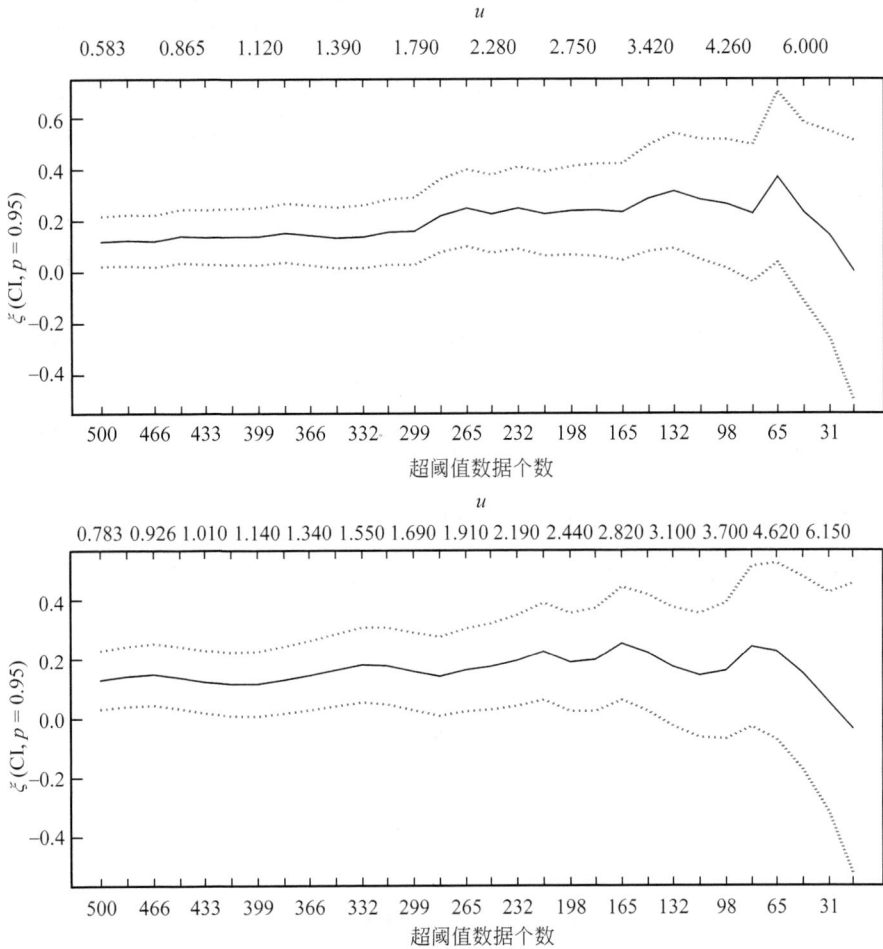

u

0.583   0.865   1.120   1.390   1.790   2.280   2.750   3.420   4.260   6.000

超阈值数据个数

u

0.783 0.926 1.010 1.140 1.340 1.550 1.690 1.910 2.190 2.440 2.820 3.100 3.700 4.620 6.150

超阈值数据个数

图 5.25　涨跌停板制度前深序列 $\{R_t\}$ 上下尾形状

参数 ξ 随阈值 u 选择发生的变化

5.5.2.5　极值风险计算

同样，根据式（5.39）、式（5.44）计算沪深上下尾部极端风险值，如表 5.9 所示，与 5.51 节涨跌停板制度后的极端风险值（详见表 5.2）相比较，不论是在 95% 还是 99% 的置信区间下，POT 模型与 VaR 模型测度的涨跌停板制度后的 VaR 值只约是涨跌停板制度前相应值的一半左右，而 CvaR 值的落差更为显著。

表 5.9 涨跌停板制度前沪深序列 {R_t} 尾部风险值

置信水平	尾部	涨跌停板制度前			
		VaR^{POT}	CVaR^{POT}	VaR^{Nor}	CVaR^{Nor}
沪市 95%	上尾	4.973 6	9.811 8	6.433 5	8.031 3
	下尾	4.932 8	7.526 8	6.145 3	7.743 1
99%	上尾	11.657 9	20.496 2	9.039 3	10.335 1
	下尾	9.139 8	11.551 7	8.751 1	10.046 8
深市 95%	上尾	5.118 5	8.579 5	5.453 8	6.820 3
	下尾	4.262 6	6.963 0	5.304 0	6.670 4
99%	上尾	9.947 1	16.127 3	7.682 4	8.790 6
	下尾	8.410 9	11.963 7	7.532 5	8.640 7

表 5.10 为利用轮廓似然函数计算出的 99% 置信水平下涨跌停板制度前沪深序列 {R_t} 上、下尾部的 VaR^{POT} 和 CVaR^{POT} 的不对称区间，如图 5.26 所示，上、下排分别为沪、深股市，左、右列分别为上、下尾部。

表 5.10 涨跌停板制度前沪深序列 {R_t} 置信水平 99%
下 VaR^{POT} 与 CVaR^{POT} 的置信区间

			置信区间下限	估计值	置信区间上限
沪市	上尾	VaR^{POT}	9.974 2	11.657 9	14.364 8
		CVaR^{POT}	15.362 2	20.496 2	37.971 0
	下尾	VaR^{POT}	8.313 0	9.139 8	10.218 7
		CVaR^{POT}	10.331 8	11.561 7	14.052 5
深市	上尾	VaR^{POT}	8.686 7	9.947 1	11.831 7
		CVaR^{POT}	12.453 3	16.127 3	40.831 5
	下尾	VaR^{POT}	7.486 2	8.410 9	9.691 8
		CVaR^{POT}	10.080 8	11.963 7	21.924 2

分析表 5.9 不仅可得到涨跌停板制度显著抑制了沪深股市极端风险的研究结论，而且还有以下两个初步判断：

判断（一）：在较高置信水平 99% 下，涨跌停板制度前沪深序列 POT 模型的估计值 VaR^{POT} 及 CVaR^{POT} 均大于正态分布 VaR 模型估计的相应值；

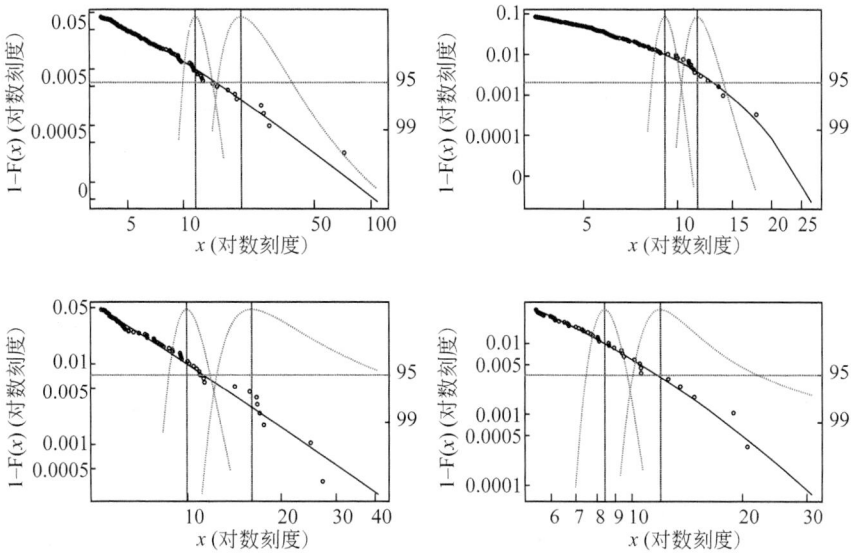

图 5.26 涨跌停板制度前沪深序列 $\{R_t\}$ 置信水平 99% 下 VaR^{POT}

与 CVaR^{POT} 的置信区间

判断（二）：在较低置信水平 95% 下，涨跌停板制度前沪深序列 POT 模型的估计值 VaR^{POT} 均小于正态分布 VaR 模型估计的相应值，而 CVaR^{POT} 除了沪序列下尾部外，其他的也均大于正态分布 VaR 模型估计的相应值。

以上只是两个模型估计值大小的判断，至于两个模型的优劣还需通过有效性检验才可以进行比较。

另外，在参数估计环节曾分析到，受数据结构因素影响，峰度法对涨跌停板制度前沪深序列尾部阈值的选取基本倾向于可选领域的较上端。阈值选取越高，极值数据个数也就越少，数据极值性也就越显著。这一方面造成了利于 POT 模型的情况，另一方面也造成了 POT 模型估计的方差与波动性较大的问题。现进一步观测涨跌停板制度前沪深序列上下尾 VaR^{POT} 随阈值 u 选择发生的变化。图 5.27 和图 5.28 分别是涨跌停板制度实施前沪、深序列 $\{R_t\}$ 的上、下尾部在置信水平 99% 下计算出的 VaR 值随阈值 u 的选择不同而发生的变化。图中虚线为 95% 的置信区间，可看到，在峰度法所确定的阈值位置，分位数 VaR^{POT} 出现了一定程度的波动，尤其是在深序列的上下尾部更为明显。

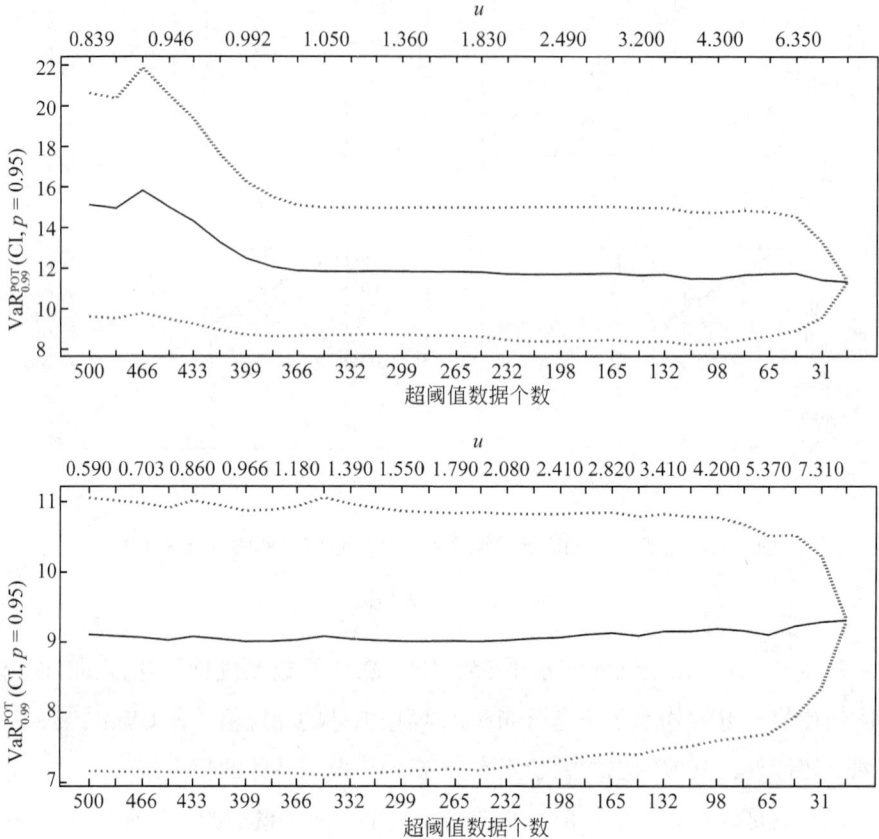

图 5.27 涨跌停板制度前沪序列 $\{R_t\}$ 上下尾 $\mathrm{VaR}^{\mathrm{POT}}$ 随阈值 u 选择发生的变化

5.6 本 章 小 结

POT 模型充分利用了有限的极值数据，理论基础更合理，且便于计算预期损失，而阈值选取则是最关键的环节。本章分析了指数回归模型法、子样本自助法、序贯法、厚尾分布与正态分布相交法与峰度法等阈值定量选取法，并在POT 模型中运用了估计量稳定性判断法来弥补目前普遍采用的超出量平均函数法存在的不足，尤其在图解法无法适用的情况下，实现了峰度法对阈值的定量

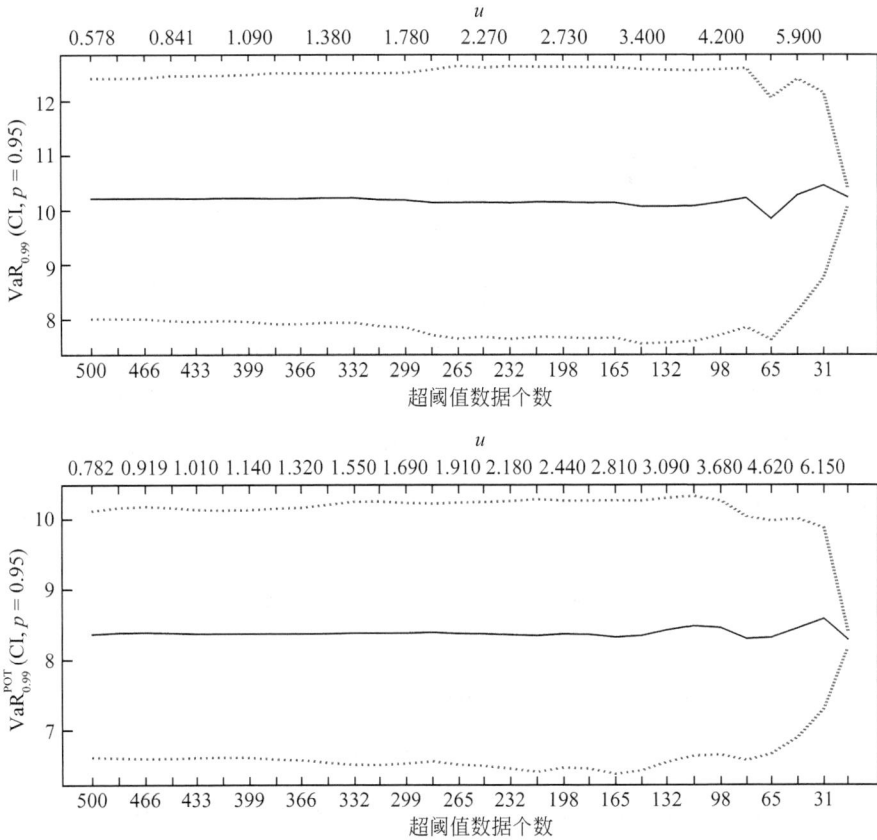

图 5.28 涨跌停板制度前深序列 $\{R_t\}$ 上下尾 VaR^{POT} 随阈值 u 选择发生的变化

选取。

涨跌停板制度前后沪深股市极端风险的实证比较分析还表明,涨跌停板制度显著地抑制了极值风险。而且,在较高置信水平 99% 下,涨跌停板制度后的极值模型 VaR^{POT} 估计值均高于 VaR 模型估计值,而在较低置信水平 95% 下则相反。但本书注意到 VaR 与 CVaR 指标在反映真实风险水平上出现了歧义,而且 BMM、POT 及 VaR 模型对"杠杆效应"存在的不同判断。本书分析认为,各模型的有效性需进一步地验证,只有在有效性判别的基础上才能对沪深序列尾部极端风险及其"杠杆效应"作准确的估计与判断。同前所述,此部分研究集中到极值模型的回测部分进行论述。

6 极值序列的相关性分析

传统金融风险模型使用中心极限定理，通常假设扰动项为独立同分布的正态序列，然而在实际中金融时间序列往往表现出显著的相关性。分形市场理论和行为金融理论则认为金融收益率序列的非独立部分源于信息的滞后效应和累积效应，因为投资者对信息的处理是非线性的，信息并不是立即就在当前的价格中反映出来，信息的累积效应促使得市场价格大幅度波动。

6.1 金融时间序列的集聚现象

Fisher-Tippett 极值类型定理成立的前提条件是 $X_1, X_2, \cdots, X_n$ 为独立同分布的随机变量序列，GEV 分布与 GPD 分布也存在同样的前提条件，故在极值理论应用中，不论是 BMM 模型还是 POT 模型，都首先要求极值数据独立性存在。

但是在实际中，金融时间序列通常不满足独立性要求，往往存在波动集束现象，即在大的波动后紧跟着一系列大的波动，小的波动后面紧跟着一系列小的波动，大小波动有集聚现象。沪深股市 $\{R_t\}$ 序列自基准日至 2008 年 3 月 12 日的波动图（图 5.15、图 5.16），直观显示出了涨跌停板制度前后均存在显著的相关性。4.2 与 5.5 节对涨跌停板制度前后的沪深 $\{R_t\}$ 序列独立性检验也均验证了相关性的存在，检验结果参见表 4.2 与表 5.5。

聚集现象导致了传统金融风险模型的失效，因为传统金融模型使用中心极限定理，通常假设扰动项为独立同分布的正态序列。这种假设主要基于风险标准差时不变理论，认为投资者是风险规避的、理性的，追求既定风险下的收益最大化或既定收益下的风险极小化，风险可通过标准差度量，而标准差具有时不变的性质，"年度化"风险满足$\sqrt{T}$法则，理性的投资者根据"均值/方差有效性"变动决定投资策略，这种分散风险行为及套利行为平滑了噪声交易者即短期投资者造成的市场缺陷。

针对金融时间序列具有的集聚现象，近些年发展起来的分形市场理论和行为金融理论对此现象作了较合理的阐释。认为投资者对信息的处理是非线性的，信息并不是立即就在当前的价格中反映出来，信息的累积效应使得市场价格大幅度波动，因此，金融收益率序列的非独立部分源于信息的滞后效应和累积效应。

为了刻画时间序列波动的时变性，Cragg（1982）、Engle（1982）等学者提出了各种参数模型，尤其是 Engle（1982）提出的条件异方差自回归模型（autoregressive conditional heteroskedasticity model，ARCH）最集中地反映了方差变化特点，从而在金融时间序列模型上得到了广泛的应用。

ARCH 模型的不足在于其为短记忆过程，而某些金融时间序列为长记忆过程，即市场受到一个冲击后，在很长时间后才能得到回复。为刻画这种长记忆过程，Bollerslev（1986）提出了广义 ARCH（GARCH）模型，除考虑扰动项的滞后期之外，同时还加入了扰动项条件方差的滞后期。

GARCH 在处理收益率分布的有偏性方面也存在一定不足，且其模型对系数的非负性约束过强。为此，Nelson（1990）提出指数 GARCH 模型（EGARCH），可较好地解决收益率分布的尖峰、厚尾及异方差问题。Engle 等（1987）把条件方差引入均值方程中，提出了条件异方差均值模型 ARCH-M。

此后，基于 ARCH 模型的一系列拓展模型陆续出现，构建了比较完整的 GARCH 类计量模型体系。

GARCH 类模型一般假定残差服从正态分布，虽然函数中用的是正态分布。然而，金融时间序列往往具有尖峰厚尾特征，为了拟合厚尾，似然函数不能使用高斯分布。而且，本文主要考虑的是金融时间序列尾部的极端风险，而 GARCH 类模型考虑的则是资产回报的完整分布，把腰部数据引入尾部模型将极大地增大模型风险。

极值理论突出特点就是对随机过程中的厚尾现象具有针对性，可以在总体分布未知的情况下，依靠样本数据外推得到总体极值的变化性质，克服了传统统计方法不能越过样本数据进行分析的缺陷。而且，这种渐近模型可避免较大估计误差的产生，因为传统统计技术利用样本观测值估计总体分布，微小估计误差将在估计极值分布时被严重放大。

本书研究的沪深股市风险序列限定为平稳序列，其变量虽然是相关的，但序列的随机性质关于事件是齐次的。Leadbetter 等（1983）、Mcneil（1998）等研究已表明：金融时间序列如为非独立的，但在一定的弱相依条件下，只要序列满足平稳性条件，那么极值理论在时间序列中的应用是成立的。然而问题在于，虽然平稳性即可满足极值模型的应用条件，但由于序列相关性的影响，极大值或极小值事件存在成串出现的趋势，影响了极值模型估计的准确性。如何处理金融序列的相关性成为极值理论进一步需要解决的问题。

6.2 金融时间序列的渐近独立性

在实际应用中，通常假设一个条件来限制极值事件较长范围内的相关性，使得在阈值 u 足够大、时间 i 和 j 间隔非常远的前提下，事件 $X_i > u$ 和 $X_j > u$ 是近似独立的。

将相隔足够远的极值事件当作近似独立的条件，称为 $D(u_n)$ 条件，数学定义为：

如果对于所有的 $i_1 < \cdots < i_p < j_1 < \cdots < j_q$，使得 $j_1 - i_p > l_n$ 时，有

$$|\Pr(X_{i_1} \leqslant u_n, \cdots, \leqslant u_n, X_{j_1} \leqslant u_n, \cdots, X_{j_q} \leqslant u_n)$$

$$- \Pr(X_{i_1} \leqslant u_n, \cdots, X_{i_p} \leqslant u_n)\Pr(X_{j_1} \leqslant u_n, \cdots, X_{j_q} \leqslant u_n)| \leqslant a(n, l_n)$$

$$(6.1)$$

式中，当 $n \to +\infty$ 时，$a(n, l_n) \to 0$，序列 $l_n \to \infty$ 满足 $l_n/n \to 0$，则称平稳序列 $X_1, X_2, \cdots, X_n$ 满足 $D(u_n)$ 条件。

$D(u_n)$ 条件保证只要在平稳序列 $X_1, X_2, \cdots, X_n$ 中，变量集合相隔足够远 $(j_1 - i_p > l_n)$，那么这个概率虽然不为 0，却也足够接近 0，不至于影响极值的极限分布，因此，$D(u_n)$ 可以理解为某种意义下的"渐近独立"条件。

$D(u_n)$ 条件表明：

若 X_i 为一平稳序列，边缘分布为 $F(X)$，$M_n = \max\{X_i\}$，$\tilde{X}_i$ 为一独立分布序列，且具有同 X_i 相同的边缘分布 $F(X)$，$\tilde{M}_n = \max\{\tilde{X}_i\}$，则 M_n 的极限性质与 $\tilde{M}_n$ 的极限性质之间必然存在密切关系。

进一步研究可得以下结论：

设 X_i 为一平稳序列，$M_n = \max\{X_i\}$，对于某个分布 L 及适当的常数 $a_n > 0$，b_n，当 $n \rightarrow +\infty$ 时，有 $a_n^{-1}(M_n - b_n) \xrightarrow{d} L$。如果对于所有的 $x \in \mathbf{R}$，$D(a_n x + b_n)$ 条件成立，则 L 是极值分布。

故只要满足 $D(a_n x + b_n)$ 条件，平稳序列的最大值也服从极值分布。

另外，如果有

$$\lim_{k \rightarrow +\infty} \lim_{n \rightarrow +\infty} n \sum_{j=2}^{\left[\frac{n}{k}\right]} \Pr(X_1 > u_n, X_j > u_n = 0) \tag{6.2}$$

则称平稳序列 $X_1, X_2, \cdots, X_n$ 满足 $D'(u_n)$ 条件。

由 $D'(u_n)$ 条件进一步可得

$$E\left(\sum_{1 \leqslant i \leqslant j \leqslant \left[\frac{n}{k}\right]} I_{\{X_1 > u_n, X_j > u_n\}} \right) \leqslant \left[\frac{n}{k}\right] \sum_{j=2}^{\left[\frac{n}{k}\right]} EI_{(X_1 > u_n, X_j > u_n)} \rightarrow 0$$

这表明，对较大的 n，在一个相对较小的范围内，有两个极端观测值 (X_i, X_j) 同时超过 u_n 是不太可能的，故称 $D'(u_n)$ 条件为平稳序列的"抗串"条件。

$D'(u_n)$ 条件说明的是这种极端观测值很接近的概率可渐近忽略，而 $D(u_n)$ 条件则表示序列中相隔较远的极值是近似独立的。故如果对某个适当的 $\{u_n\}$，$D'(u_n)$ 与 $D(u_n)$ 条件满足，则这种平稳序列的极值的渐近分布与有相同边缘分布的独立同分布序列是一样的。但 $D'(u_n)$ 条件对大多数序列并不合理，在许多实际问题中，常常出现成串的大值，即 $D'(u_n)$ 条件不满足。

在金融风险度量中，序列相关性是普遍存在的现象，由于极值理论的两个最主要的模型 BMM 与 POT 采用不同的数据选取法，相关性的程度及处理方式也是不同的。

在 BMM 模型中，按区间取极大或极小值，当区间长度比较大时，平稳序列的相关程度较弱，可以直接按独立同分布的序列处置。

在 POT 模型中，由于选取阈值以上的所有数据，极值数据常常就会成串出现，相关性相比区间选极值法更为显著，如涨跌停板制度前沪深收益率序列 $\{R_t\}$ 阈值（$u_{up}^{sh}=2.5$，$u_{down}^{sh}=2.1$；$u_{up}^{sz}=2.4$、$u_{down}^{sz}=2.3$）以上的极值数据分布图 6.1、图 6.2，以及涨跌停板制度前沪深序列 $\{R_t\}$ 波动图 5.15、图 5.16 均直观显示出较显著的相关性。此时，同 GEV 仍是平稳序列的分块最大值的合理模型一样，广义 Pareto 分布仍然适用于 POT 分布，但是平稳序列中极值呈串状出现的现象，需要采用分串的方法来处理，即降低极值数据之间的相关度。

6.3 极 值 指 标

设 $X_1, X_2, \cdots, X_n$ 是平稳序列，$\tilde{X}_1, \tilde{X}_2, \cdots, \tilde{X}_n$ 是相伴的独立同分布序列。令 $M_n = \max\{X_1, \cdots, X_n\}$，$\tilde{M}_n = \max\{\tilde{X}_1, \cdots, \tilde{X}_n\}$，在适当的正则条件下，对于规范化常数序列 $\{a_n > 0\}$ 和 $\{b_n\}$，当 $n \to +\infty$ 时，有

$$\Pr(\frac{\tilde{M}_n - b_n}{a_n} \leqslant z) \to H(z)$$

式中，H 是非退化分布函数，当且仅当

$$\Pr(\frac{M_n - b_n}{a_n} \leqslant z) \to L(z)$$

并且

$$L(z) = H^\theta(z) \tag{6.3}$$

式中，θ 是区间 $(0,1]$ 上的常数，即称为极值指标（extremal index）。

极值指标 θ 是用来刻画数据相关性与极值之间关系的一种量，具体说，就是度量平稳序列中超过阈值的数据成串趋势的，可以解释为串的平均大小的倒数，一般可用 $\frac{n_c}{n_u}$ 来估计极值指标，其中 n_c 为串的个数。

极值指数 θ 取值在 $0 \sim 1$ 之间，当 $\theta = 1$ 时，时间序列表现为独立或弱相关，在其他情况下，相关性越强，θ 值越小。

以上性质表明，如果一个平稳序列的最大值收敛，其极限分布必与一个独

立序列的极限分布有关。在平稳序列中，由与该序列相对应的、有相同边缘分布的独立序列可知，相关性的影响仅是极限分布 H，可用 H^{θ} 代替。这与式 (6.3) 推导过程相一致，如果 H 是一个 GEV 分布，H^{θ} 也是。更确切地说，如果 H 对应一个参数为 (μ,β,ξ)，且 $\xi \neq 0$ 的 GEV 分布，那么：

$$
\begin{aligned}
H^{\theta}(z) &= \exp\left\{ - \left(1 + \xi\left(\frac{z-\mu}{\beta}\right)\right)^{-\frac{1}{\xi}}\right\}^{\theta} \\
&= \exp\left\{ - \theta\left(1 + \xi\left(\frac{z-\mu}{\beta}\right)\right)^{-\frac{1}{\xi}}\right\} \quad (6.4) \\
&= \exp\left\{ - \left(1 + \xi\left(\frac{z-\tilde{\mu}}{\tilde{\beta}}\right)\right)^{-\frac{1}{\xi}}\right\}
\end{aligned}
$$

也是 GEV 分布，参数为 $(\tilde{\mu},\tilde{\beta},\xi)$，式中：

$$
\begin{cases}
\tilde{\mu} = \mu - \dfrac{\beta}{\xi}(1 - \theta^{\xi}) \\
\tilde{\beta} = \beta\theta^{\xi}
\end{cases}
\quad (6.5)
$$

因此，如果 $\tilde{M}_n$ 的近似分布是参数为 (μ,β,ξ) 的 GEV 分布，则 M_n 的近似分布就是参数为 $(\tilde{\mu},\tilde{\beta},\xi)$ 的 GEV 分布，且两个分布的形状参数相同。

这样，在极值水平上，在长相关较弱的假设下，数据可以看成是满足适当的 $D(u_n)$ 条件的一个过程的样本点。用 GEV 分布族来对极大值建立模型，参数与序列为独立的情况下得到的不同，但是，在计算过程中，参数都是要进行估计的，因此这无关紧要。

6.4 极值除串

正如 GEV 分布仍是平稳序列的分块极大值的合理模型一样，广义 Pareto 分布仍然适用于超阈值分布，但由于相关性的影响，超阈值数据之间不独立，利用极大似然估计将造成估计的偏差。所以，针对平稳序列中极值数据成串出现的问题，在极值理论中利用分串（clustering）的方法来进行处理，从而对相关的极值数据进行过滤，得到近似独立的阈值超过值的集合。

除串法（declustering）步骤如下：①用经验的准则定义超过量的串；②找

出每个串中的最大值；③假定串最大值是独立的，超过量的分布为广义 Pareto 分布；④对串最大值利用 Pareto 分布拟合。

步骤中"串"的定义如下：首先选取一个固定的正整数 r ，当至少有连续 r 个观测值不大于阈值时，才表示数据被分为两个串，否则两个串就应合为一个串。公式表示为

$$A_{i,n} = \{X_i > u_n, X_{i+1} \leqslant u_n, \cdots, X_{i+r} \leqslant u_n\} \tag{6.6}$$

即在某个 X_i 超过阈值后，至少要有 $r = r(n)$ 个小于阈值的观测值，才可以成为一个串。$\sum_{i=1}^{n-r} I_{A_{i,n}}$ 表示观测值序列中串的总个数。

需要注意的是，r 的选择必须非常慎重，r 太小，相邻串的独立性得不到保证；r 太大，又可能把原本独立的相邻串合并，丢失有价值的数据信息。现阶段还停留在根据经验和考察计算结果对选取个数的灵敏性来确定 r 的水平，尚没有一个固定统一的标准，因此必须对最后得到的结果进行检验。

引入极值指标后，对于给定的置信水平 q ，可得到平稳条件下的回报水平即极值 VaR：

$$\text{VaR} = \hat{x}_P = u + \frac{\hat{\beta}}{\hat{\xi}}\left\{\left(\frac{n}{n_u}(1-q)\frac{1}{\theta}\right)^{-\hat{\xi}} - 1\right\} \tag{6.7}$$

$$\text{CVaR} = \frac{\text{VaR}}{1-\xi} + \frac{\beta\theta^{\xi} - u\xi}{1-\xi} \tag{6.8}$$

如前所述，极值指标 θ 是度量平稳序列中阈值超过量成串趋势的，可以解释为串的平均大小的倒数，从这个意义出发，得到极值指标 θ 的估计 $\frac{n_c}{n_u}$ ，其中 n_c 为串的个数，其他参数的估计与前面的一样。

故式（6.7）、式（6.8）变换为

$$\text{VaR} = \hat{x}_P = u + \frac{\hat{\beta}}{\hat{\xi}}\left\{\left(\frac{n}{n_c}(1-q)\right)^{-\hat{\xi}} - 1\right\} \tag{6.9}$$

$$\text{CVaR} = \frac{\text{VaR}}{1-\xi} + \frac{\beta\left(\frac{n_c}{n_u}\right)^{\xi} - u\xi}{1-\xi} \tag{6.10}$$

6.5   沪深股市极值风险序列相关性处置实证分析

本节在 5.5 节 POT 模型对沪深极端风险实证的基础之上进行极值数据相关性减消处理。

首先，观测 5.5 节确定的阈值以上的沪深序列 $\{R_t\}$ 的极值数据分布图 6.1、图 6.2，可看出沪深序列 $\{R_t\}$ 上、下尾部极值数据串状出现的情况均较为显著。这表明在深序列 $\{R_t\}$ 上、下尾部极值数据中存在较大程度的相关性，也即集聚现象较为突出，这意味着当期的 VaR 值受前期 VaR 值的影响。

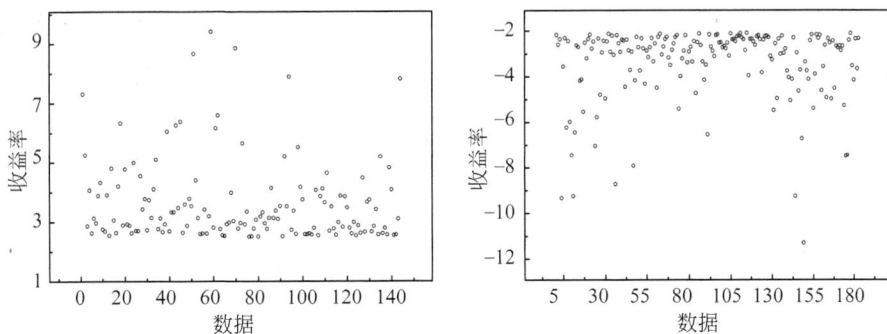

图 6.1   沪序列 $\{R_t\}$ 上、下尾极值数据（ $u_{\mathrm{down}} < -2.1$ 、$u_{\mathrm{up}} > 2.5$ ）

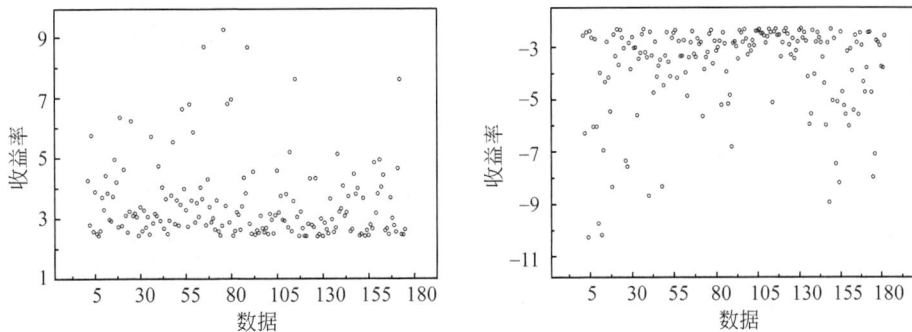

图 6.2   深序列 $\{R_t\}$ 上、下尾极值数据（ $u_{\mathrm{down}} < -2.3$ 、$u_{\mathrm{up}} > 2.4$ ）

现引入极值 θ 进行相关性减消处理，在 5.5 节沪深序列 $\{R_t\}$ 上、下尾部阈值已选定的基础上，本书利用 matlab 编程（见附录 A4）求得 r 取不同值时极值数据相应分串的个数，如表 6.1 所示。

表 6.1　沪深序列 $\{R_t\}$ 分串数随 r 的变动

	r	2	3	4	5	6	7	8	9
沪市	$u_{\text{up}} = 2.5$	113	103	90	82	78	72	69	63
	$u_{\text{down}} = 2.1$	139	122	111	103	95	90	83	75
深市	$u_{\text{up}} = 2.4$	131	115	102	91	84	76	70	68
	$u_{\text{down}} = 2.3$	138	121	111	102	96	89	85	82

分析表 6.1 相关数据，综合平衡极值数据的选取数量与相关性的减消情况，可选 r 约为 4，此时极值数据相隔足够远，从各串最大值的分布观测到此时极值数据间的相关性也较弱，同时也保证了较充足的极值数据待拟合。

由于估计极值指标可以解释为串平均大小的倒数，一般可用 $\frac{n_c}{n_u}$（n_c 为串的个数，n_u 为大于阈值 u 的个数）来估计极值指标，故可推得 $r = 4$ 时沪深 $\{R_t\}$ 序列上、下尾部的极值指标分别为

$$\text{沪市}: \theta_{\text{up}}^{\text{sh}} = 0.6207, \theta_{\text{down}}^{\text{sh}} = 0.6066$$

$$\text{深市}: \theta_{\text{up}}^{\text{sz}} = 0.5829, \theta_{\text{down}}^{\text{sz}} = 0.6099$$

在 $r = 4$ 的情况下，沪市序列 $\{R_t\}$ 上、下尾部的串数分别为 90、111，深市序列 $\{R_t\}$ 则为 102、111 串。分别对沪深序列 $\{R_t\}$ 上、下尾部的串最大值进行 GPD 分布拟合，则可得到参数 β 与 ξ 的极大似然估计，如表 6.2 所示。

表 6.2　基于串内最大值数据 GPD 拟合的参数估计

		极值指数 ξ			尺度参数 β		
		值	标准差	t 值	值	标准差	t 值
沪市	上尾（$u = 2.5$）	0.490 6	0.189 3	2.591 2	0.645 2	0.135 9	4.746 9
	下尾（$u = 2.1$）	0.374 8	0.134 0	2.796 3	0.737 0	0.118 2	6.237 2

续表

		极值指数 ξ			尺度参数 β		
		值	标准差	t 值	值	标准差	t 值
深市	上尾 ($u = 2.4$)	0.323 4	0.141 1	2.292 6	0.713 4	0.121 0	5.896 4
	下尾 ($u = 2.3$)	0.320 7	0.134 1	2.391 4	0.859 1	0.138 7	6.193 2

注：下尾参数已加负号，按正数处理，下均同。

在参数估计的基础上，根据式（6.9）与式（6.10），计算出除串后的极端风险值 VaR^{POT} 及 CVaR^{POT}，结果如表 6.3 所示。

表 6.3　除串后极端风险值 VaR^{POT} 及 CVaR^{POT}

置信水平	尾部	除串前		除串后	
		VaR^{POT}	CVaR^{POT}	VaR^{POT}	CVaR^{POT}
沪市　95%	上尾	2.548 7	3.715 5	2.265 5	3.306 4
	下尾	2.388 1	3.857 1	1.976 6	3.081 4
99%	上尾	4.234 7	6.138 0	3.565 1	5.857 4
	下尾	4.497 1	6.936 6	3.502 5	5.521 8
深市　95%	上尾	2.637 9	3.806 8	2.220 8	3.189 5
	下尾	2.629 0	4.231 0	2.159 0	3.357 0
99%	上尾	4.415 7	6.020 0	3.604 8	5.235 0
	下尾	4.969 5	7.499 0	3.873 3	5.880 9

表 6.3 分析结论：

1）对极值采用除串法进行相关性减消处理后，极端风险值 VaR^{POT} 及 CVaR^{POT} 均略小于原极端风险值。

2）除串效应受置信水平高低的影响。总体来看，在较高的置信水平 99% 下，除串效均果较为明显；而在较低的置信水平 95% 下，除串的结果则相对比较弱。注意这里主要比较的是除串对 VaR 值的影响，而 CVaR 是均值，受到的影响相对就弱些。对比表 6.3 中的有关数据即可观测到。

本节分析认为，模型的除串效果要受到原序列相关性的大小及置信水平高低的影响，若原极值数据之间的相关性较强，一些相关性较强的极值数据被剔除，除串后的极端值自然小于原值，而在较高置信水平下，少量的极值数据的剔除也对模型效果产生了较大的影响。

沪深 $\{R_t\}$ 序列的极值数据分布图 6.1、图 6.2 及沪深 $\{R_t\}$ 序列的波动图 5.15、图 5.16，均直接显示了较显著的相关性，而极值指标 θ 是区间 $(0,1]$ 上的常数，反映了平稳序列中超过阈值的数据成串出现的趋势，独立同分布序列的极值指标 θ 为 1。沪深收益率序列 $\{R_t\}$ 上、下尾部的极值指数 θ 分别为 0.6207、0.6066、0.5829 及 0.6099，这也反映了在沪深序列 $\{R_t\}$ 的上、下尾部存在较明显的相关性。故在以上的分析结果中，在高的置信水平 99% 下，沪深序列 $\{R_t\}$ 上、下尾部的除串效果更明显，极端风险值 VaR^{POT} 及 $CVaR^{POT}$ 较除串前均明显减小。

从本章对除串法的理论与实证研究来看，除串法简单，易于操作且容易理解，但也存在着一定的局限性：一是串 r 的个数选取尚未有统一有效的方法，依然停留在经验选取阶段，主要根据所得结果对串的选择的敏感性来判断，串的不同选取可能会得到不同的结果，而对于沪深序列 $\{R_t\}$ 这样相关性并不是均衡表现的情况，串的选取对结果的影响较大；二是除串法存在忽略掉一些极值数据的问题，POT 模型则利用所有超阈值的数据进行拟合建模，极值数据中的信息反映较为丰富，而除串法只利用了每串中的极大值。

6.6 本章小结

本章研究了金融时间序列的渐近独立性，$D(u_n)$ 条件意味着序列中相隔较远的极值是近似独立的，而 $D'(u_n)$ 条件则说明极端观测值很接近的概率可渐近忽略，但在实际中极值常常成串，$D'(u_n)$ 条件不满足，此时在 POT 模型中需引入极值指标 θ。极值指标 θ 度量平稳序列中阈值超过量成串出现的趋势，利用极值指标 θ 减消相关性的方法简单，利于理解，便于操作，但也存在一些数据信息遗漏和凭经验选取串的个数的问题。

　　在实证分析中，本章在 5.5 节 POT 模型对沪深 $\{R_t\}$ 序列极端风险度量的基础上，对极值数据中的相关性进行了除串处理。结果表明除串后的极端风险值 VaR^{POT} 及 $CVaR^{POT}$ 均略小于原 VaR^{POT} 及 $CVaR^{POT}$ 值。然而，由于对除串前的 POT 模型及引入极值指标 θ 后的 POT 模型还未做有效性比较，故还不能直接得出除串后的极端风险值更为准确的结论。同前，除串后的 POT 模型的有效性也有待于进一步的验证。

7　极值模型回测

　　极值模型是一种利用历史数据、一定的统计参数和分布建立起来的统计预测模型，不同的具体方法、参数估计及样本选择将造成预测结果存在一定的差异性。Beder（1995）比较了 8 种不同的 VaR 方法对证券组合风险值的测度，VaR 最大值与最小值竟然相差了 14 倍之多。Hendricks（1996）对 12 种 VaR 方法的比较研究，也表明了各种 VaR 方法在风险预测能力方面存在较大的不同。如何验证极值模型的准确性，对风险管理者来说无疑具有非常重要的意义。

7.1　极值模型回测技术简析

　　回测技术（back testing technique）又称事后检验或返回检查，检验实际损失与预期损失是否相一致，包括把 VaR 的历史预测与相关的组合收益率进行系统的比较（Jorion，2000），是检验 VaR 模型的准确性最常用的一种统计检验方法。巴塞尔银行监管委员会在《关于使用"事后检验法"检验计算市场风险的内部模型法的监管框架》的文件中就这一检验方法进行了详细说明。按照 BIS Ⅱ（2004）的规定，金融机构在使用内部风险模型前，必须对该模型所计算的 VaR 进行至少一个交易年度（one trading year），即至少 250 个交易日的后验分析，没有通过检验的模型，必须重新调整其计算 VaR 的方法。

　　回测技术的核心就是如何在第一类错误（拒绝正确模型的错误）与第二类错误（接受错误模型的错误）之间进行平衡选择。对金融监管当局来说也即是，一方面回测技术应当尽可能捕捉到故意低报风险的事件，因为如银行等金融机构具有低报风险的主观动机；另一方面，回测技术还应尽量避免对仅仅由于运气不好（如市场的动荡、相关性的改变等）而造成 VaR 超标的金融机构的不正当惩罚。

现阶段，模型回测技术主要有基于例外情形的（失效率）回测、基于密度预测的回测，以及基于损失函数的回测等方法。

（1）基于例外情形（失效率）的模型回测

既然 VaR 是建立在特定的置信水平上，那么直接的联想就是在某些情况下，数值会落在 VaR 图形之外，因此，考察失效率（failure rate）成为验证模型准确性的最简便的方法。

失效率方法的基本原理是：假设给定一个 T 天的 VaR 图形，若定义 N 为例外情况的数目，则 $\frac{N}{T}$ 即为失效率，表示给定样本中 VaR 被超越的频率。将失效率 $\frac{N}{T}$ 与预设的显著性水平 p 进行比较，以判断模型的准确性，若 $\frac{N}{T} > p$，则表明模型低估了风险值；若 $\frac{N}{T} < p$，则表明模型的计算结果覆盖了实际损失，但如果失效率 $\frac{N}{T}$ 太小，两者相差太大，则表明下面估计过于保守，高估了风险值。这样，对 VaR 模型准确性的评估就转化为检验失效率 $\frac{N}{T}$ 是否不同于显著性水平 p。

基于例外情形（失效率）的模型回测直观、易于了解、便于操作，其突出的特点是仅对分布的尾部拟合情况进行检验，主要考察尾部估计的准确性。Kupiec（1995）基于失效率构造了似然比检验，Christofferson（1998）则在 Kupiec 检验的基础之上考虑超出值序列的时间易变性设计了有条件覆盖模型，两个模型的具体设计与使用详见 7.2 节与 7.3 节。

（2）基于密度预测的回测

Crnkovic 等（1997）认为，几乎所有的机构都在预测自己的整体概率分布函数，并且觉得应该以整体函数而不是仅以函数的某一点为基础来评估预测质量。因此，注意力应从少数的例外值中转移出来，将预测分布通过变形转换成一个满足独立同分布的随机变量序列，这成为评价 VaR 模型准确性的另一条思路。

基于以上认识，Crnkovic 等（1997）提出了基于 Kupiec 统计量的检验方法：

$$K = \max_i(\hat{F}(p_i) - p_i) + \max_i(p_i - \hat{F}(p_i))$$

Diebold 等（1998）则建议使用 CUSUM 和 CUSUM 的平方统计量并结合定性的图表评估方法。

Berkowitz（2001）证明只要经过一个简单的变换：$z_t = \Phi^{-1}(x_t)$，其中 $\Phi^{-1}(\cdot)$ 为标准正态分布函数的反函数，就可将服从 $U(0,1)$ 的独立同分布的随机变量序列 x_t 转换成服从 $N(0,1)$ 的新的独立同分布的随机变量序列 z_t，通过这种简单变换就可以直接计算其正态似然值并且构造 LR、LM 及 Wald 统计量。

此外，Christofferson 等（2003）、Joe 等（2003）等也对基于密度预测的回测技术进行了研究。

（3）基于损失函数的回测

Lopez（1998，1999）认为，假设检验的方法只是对 VaR 的估计值的某些特定的属性进行检验，仅仅只捕捉了关于 VaR 值精确性中十分有限的信息，根据实际需要应构建一个损失函数并根据损失函数的值来判别模型的好坏。

Lopez 构建了损失函数的一般表达式：

$$C_{mt+1} = \begin{cases} f(\varepsilon_{t+1}, \mathrm{VaR}_{mt})\, \mathrm{if} \varepsilon_{t+1} < \mathrm{VaR}_{mt} \\ g(\varepsilon_{t+1}, \mathrm{VaR}_{mt})\, \mathrm{if} \varepsilon_{t+1} \geq \mathrm{VaR}_{mt} \end{cases}$$

那么在整个检验样本内，损失函数就为

$$C_m = \sum_{i=1}^{T} C_{mt+1}$$

这里 $f(x,y)$、$g(x,y)$ 是自定义的函数，并满足 $f(x,y) \geq g(x,y)$，对于 $f(x,y)$ 和 $g(x,y)$ 的具体表达方式，则可以根据风险管理者自身的主管偏好灵活设计。

基于 Lopez 构建的损失函数，风险管理者可根据关注的重点不同，灵活地将感兴趣的各种信息加入到损失函数中去，并以此来评估 VaR 模型，这满足了不同风险管理者的具体需要。

显而易见，各种回测技术有着不同的出发点或考虑角度，也都存在各自的优势和缺陷。

密度回测技术虽然能够对模型的预测能力进行更全面的检验，然而比较复杂的理论基础和实现方式也影响了其在实际中的应用。

损失函数回测虽然将风险管理者的主管偏好整合到 VaR 的回测中，但缺乏统计科学的支持使得损失函数自身的正确性无法得到保证，需要与其他科学的检验方式相结合才能更有效。

基于例外情形（失效率）回测，其优点在于思路简单直观，便于计算和操作，在实践中得到了广泛的应用，巴塞尔银行监管委员会提出的交通灯规则也是基于这一原理来设计的。然而，基于例外情形（失效率）进行回测的最基本前提就是：贝努里试验是在无限样本趋势下趋近于正态分布，任何似然函数都必须在正态分布满足的条件下来构造。然而在实际应用中，VaR 显著性水平一般都选择非常小，一般是 5% 或 1%，如巴塞尔委员会选择了 99% 这一较高的 VaR 置信水平。这样例外的数据个数可能偏少，从而导致了实际检验总是在小样本下进行，这与假设前提存在不符。

极值理论的关注核心是分布的厚尾部分，考察对整个分布的预测能力并不是极值理论的关注重点。本节核心也是基于极值理论模型考察极端金融风险事件发生时可能导致的最大损失。所以本节回测的重点在于模型对尾部预测的精确性，不需要预测整体分布函数，而只考察例外值的情况就已足够了。所以本节选择 Kupiec 似然比检验以及 Christofferson 有条件覆盖模型作为回测模型，下文对这两个模型有详细的介绍与分析。

但在分析应用中，应清醒看到 Kupiec（1995）在对内部风险测量模型进行检验后得出结论："越精确的 VaR 模型意味着越接近尾部概率，对可能损失的衡量就会变得越困难，对于极端情况则几乎不可能进行衡量，任何统计方法都不可能确实保证一个模型的准确性。"

7.2 Kupiec 似然比检验

失效率检验方法属于对一系列成功与失败事件的古典检验体系，这种古典检验也被称为伯努利试验（bernoulli trial），利用二项分布即可检验例外数目是否在可接收的范围内。例外的个数 x 服从二项分布：

$$f(x) = \binom{T}{x} p^x (1-p)^{T-x}$$

失效率检验方法由于没有对分布进行预先假设，分布可以是正态的、偏离的或厚尾的，其验证方法完全不含参数。x 的期望值 $E(X) = pT$，方差 $V(X) = p(1-p)T$，当 T 相当大时，根据中心极限定理，二项分布可近似看作为正态分布：

$$z = \frac{x - pT}{\sqrt{p(1-p)T}} \approx N(0,1)$$

上式很大程度上简化了计算。对于 $B(T,p)$ 而言，原假设为 $p = \frac{N}{T}$，而检验的目的即为考察 $\frac{N}{T}$ 是否显著不同于 p。

基于此思路，Kupiec（1995）提出了基于失效率的似然比检验，通过构造一个似然比（LR）统计量，将投资组合观察的实际每日盈亏结果与测定的 VaR 值进行比较。如果 VaR 模型测定的 VaR 是非常准确的，那么投资组合实际亏损超过测定 VaR 值的例外情况可视为从 0 ~ 1 分布中抽取的独立样本，即如果实际亏损幅度在测定 VaR 值以内，则被视为一个成功的事件（为 1）；如果实际亏损幅度在测定 VaR 值以上，则被视为一个失败的事件（为 0）。因此，失败事件出现的概率应为预先设定的失效水平。

Kupiec 构造的似然比检验统计量 LR 如下：

$$\mathrm{LR}_{uc} = -2\ln\left((1-p)^{T-N} p^N\right) + 2\ln\left(\left(1 - \frac{N}{T}\right)^{T-N}\left(\frac{N}{T}\right)^N\right) \qquad (7.1)$$

式中，T 为实际考察天数；N 为失败天数；失败频率为 $p = \frac{N}{T}$；失败期望概率为 p'。原假设为 $p' = p$，这样对 VaR 模型准确性的评估就转化为检验失败频率 p 是否显著不同于 P'。

在初始假设成立，即 p 为真实概率的条件下，LR_{uc} 近似服从自由度为 1 的 χ^2 分布。相应的，非拒绝域为满足条件的 N 值区间：

$$\chi^2_{1-\frac{p}{2}}(1) < \mathrm{LR} < \chi^2_{1-\frac{p}{2}}(1)$$

上式意味着，观测到的失败次数 N 只要落在 χ^2 检验的非拒绝域内则不能拒绝 p 为真实概率的原假设。如果 N 的计算结果小于 $\chi^2_{1-\frac{p}{2}}(1)$，则模型过于保守，过高地估计了风险；如果 N 的计算结果大于 $\chi^2_{1-\frac{p}{2}}(1)$，则模型过低估计了风险；如果 N 的计算结果落在非拒绝域内，则表明模型较好地估计了风险。

对满足非拒绝域条件的 N 值区间可参见 Kupiec（1995）构造的失效率模型验证的 95% 置信区间，如表 7.1 所示。置信水平下 95% $\chi^2(1)$ 分布的分位数为 3.841，故当 $LR_{uc} > 3.84$ 时，可拒绝初始假设，模型被拒绝。LR 越小，表明模型越精确，可信度越高。

表 7.1　模型回测，95% 的非拒绝试验置信区

概率水平 p	VaR 置信水平	失效次数 N 的非拒绝区		
		$T = 255$ 天	$T = 510$ 天	$T = 1000$ 天
0.01	99%	$N < 7$	$1 < N < 11$	$4 < N < 17$
0.025	97.5%	$2 < N < 12$	$6 < N < 21$	$15 < N < 36$
0.05	95%	$6 < N < 21$	$16 < N < 36$	$37 < N < 65$
0.075	92.5%	$11 < N < 28$	$27 < N < 51$	$59 < N < 92$
0.10	90%	$16 < N < 36$	$38 < N < 65$	$81 < N < 120$

在失效率验证中，存在如何权衡第一类错误与第二类错误的问题。失效率虽然考察了例外数值出现的频数，却不能准确观测到例外数值的偏离程度，尤其是在有限样本下，$\frac{N}{T}$ 相对于置信水平 p 的偏离大小达到什么程度时，才可以认为是由于模型失效造成的，而不是由偶然因素导致的。

Kupiec 检验仅仅简单地考察了超出值的个数，并没有考虑超出值序列的性质，其方法忽略了数据的时间变化，理论假设例外的数据均匀地分布在时间序列中，其实质上是一种无条件覆盖（unconditional coverage）模型回测。而在实际中，VaR 序列中往往存在一定程度的集聚现象，这意味着当期的 VaR 值受前期 VaR 值的影响，这些例外的 VaR 值也是同样的情况。所以，考虑到这种相关性，模型回测应设计成能够测量适当的条件覆盖，即模型验证应该以当前环境为条件。

7.3　Christofferson 有条件覆盖模型

Christofferson（1998）设计的似然比检验则在 Kupiec 检验的基础之上考虑了超出值序列的时间易变性。Christofferson（1998）认为，一个正确的模型应该保证例外值在样本期间的出现是相互独立的，而不应具有时间的变异性，也就是说，对于检验样本的任意一个子样本，都必须满足它的失效率显著等于 p。

由于已经有足够的证据证明各种市场都会经历平稳期和混乱期，所以 Christofferson（1998）提出的考虑了时间变异性的有条件覆盖模型在实践中具有十分重要的意义。

Christofferson（1998）设计的有条件覆盖模型首先定义了指示变量 I_t，在一天中，如果 VaR 没有被超过，则将偏差标定为 0，否则将其定为 1：

$$I_t = \begin{cases} 1, & -y_t > -\mathrm{VaR}_{t\,|\,t-1} \\ 0, & 其他情况 \end{cases}$$

式中，$\{I_t\}$ 称之为"失败过程"，如果 $\{I_t\}$ 表现为正确的条件区间，则 VaR 预测值为有效，也即是 $\{I_t\}$ 序列与 p 独立同分布。

然后进行三个步骤的检验：

1）检验非条件区间估计的 LR（likelihood ratio）统计量，同式（7.1）。

2）检验独立性的 LR 统计量：

$$\begin{aligned} \mathrm{LR}_{\mathrm{ind}} = & -2\ln((1-\pi)^{T_{00}+T_{10}}\pi^{T_{01}+T_{11}}) \\ & +2\ln((1-\pi_{01})^{T_{00}}\pi_{01}{}^{T_{01}}(1-\pi_{11})^{T_{10}}\pi_{11}{}^{T_{11}}) \end{aligned} \tag{7.2}$$

式中，T_{ij} 为序列 $\{I_t\}$ 中状况 i 后是状况 j 的数目（$i,j = 0,1$），

$$\pi_{ij} = \Pr\{I_t = i\,|\,I_{t-1} = j\}，（i,j = 0,1）$$

$$\pi_{01} = \frac{T_{01}}{T_{00} + T_{01}}$$

$$\pi_{11} = \frac{T_{11}}{T_{10} + T_{11}}$$

$$\pi = \frac{T_{01} + T_{11}}{T_{00} + T_{01} + T_{10} + T_{11}}$$

T_{ij} 可参照以下规则计算：

①若序列首尾两项都没在选定范围内，则：

$$T_{10} = T_{01} = T_1 - T_{11} ; T_{00} = T_0 - T_{01} - 1$$

②若序列首尾两项都在选定范围内，则：

$$T_{10} = T_{01} = T_1 - T_{11} - 1 ; T_{00} = T_0 - T_{01} = T_0 - T_{10}$$

③若序列首项在选定范围内，而尾项不在，则：

$$T_{01} = T_1 - T_{11} - 1 ; T_{10} = T_1 - T_{11} ; T_{00} = T_0 - T_{01} - 1 = T_0 - T_{10}$$

④若序列尾项在选定范围内，而首项不在，则：

$$T_{01} = T_{10} = T_1 - T_{11} - 1 ; T_{00} = T_0 - T_{01} = T_0 - T_{10} + 1$$

3）检验条件区间估计的 LR 统计量：

$$\begin{aligned}
\mathrm{LR}_{cc} &= \mathrm{LR}_{uc} + \mathrm{LR}_{ind} \\
&= -2\ln((1-p)^{T-N} p^N) \\
&\quad + 2\ln((1-\frac{N}{T})^{T-N}(\frac{N}{T})^N) \\
&\quad + -2\ln((1-\pi)^{T_{00}+T_{10}} \pi^{T_{01}+T_{11}}) \\
&\quad + 2\ln((1-\pi_{01})^{T_{00}} \pi_{01}^{T_{01}} (1-\pi_{11})^{T_{10}} \pi_{11}^{T_{11}})
\end{aligned} \tag{7.3}$$

由于 $\pi = \dfrac{T_{01} + T_{11}}{T_{00} + T_{01} + T_{10} + T_{11}} = \dfrac{N}{T}$，$T_{01} + T_{11} = N$，（7.3）式简化为

$$\begin{aligned}
\mathrm{LR}_{cc} &= -2\ln(p^N(1-p)^{T-N}) \\
&\quad + 2\ln((1-\pi_{01})^{T_{00}} \pi_{01}^{T_{01}} (1-\pi_{11})^{T_{10}} \pi_{11}^{T_{11}})
\end{aligned} \tag{7.4}$$

LR_{cc} 近似地服从 $\chi^2(2)$ 分布，此时，如果 $\mathrm{LR} > 5.99$，则可以 95% 的置信水平拒绝模型。

7.4 沪深股市极值风险模型回测及分析

7.4.1 沪深股市极值风险模型回测

基于 4.4 节、5.5 节及 6.5 节的实证研究，本节对 VaR 模型、极值 BMM、

POT 模型及除串后的 POT 模型进行回测检验，并比较各模型对沪深序列 $\{R_t\}$ 极端风险测度的有效性。各模型回测检验结果如表7.2 所示。

表7.2　沪深序列 $\{R_t\}$ 极端风险模型回测

检验指标	置信水平	尾部	BMM 模型		VaR 模型		检验理论值/临界值
			沪市	深市	沪市	深市	
失败率检验	95%	上	220	225	107	102	135
		下	180	198	107	117	
	99%	上	35	34	41	35	27
		下	42	41	50	52	
LR$_{UC}$检验	95%	上	NaN	NaN	6.801 8	9.215 6	< 3.84
		下	13.973 5	27.274 9	6.801 8	2.626 5	
	99%	上	2.124 4	1.699 2	6.212 9	2.195 8	
		下	7.075 2	6.338 2	15.627 8	18.415 7	
LR$_{ind}$检验	95%	上	NaN	NaN	8.434 1	18.029 2	—
		下	14.805 1	11.900 1	13.247 2	9.789 5	
	99%	上	0.915 9	0.867 6	1.259 6	0.919 8	
		下	4.743 9	8.707 0	3.102 4	5.439 9	
LR$_{CC}$检验	95%	上	NaN	NaN	15.235 9	27.244 8	< 5.99
		下	28.778 6	39.175 0	20.049 0	12.416 0	
	99%	上	4.040 3	2.566 8	7.472 5	3.115 6	
		下	11.819 1	15.045 2	18.730 6	23.855 6	
失败率检验	95%	上	134	132	176	212	135
		下	129	135	210	203	
	99%	上	27	28	49	56	27
		下	32	34	55	54	
LR$_{UC}$检验	95%	上	0.018 7	0.068 4	11.661 1	Inf	< 3.84
		下	0.338 4	1.949 8e-005	Inf	31.492 6	
	99%	上	4.514 4e-004	0.037 7	14.404 7	24.043 3	
		下	0.842 2	1.699 2	22.328 2	21.153 9	
LR$_{ind}$检验	95%	上	13.069 5	29.814 7	10.747 9	24.922 5	—
		下	12.592 6	7.421 9	11.321 0	8.867 0	
	99%	上	0.545 9	0.587 4	1.081 1	7.470 9	
		下	3.591 6	3.281 0	7.806 7	11.683 6	

续表

检验指标	置信水平	尾部	BMM 模型		VaR 模型		检验理论值/临界值
			沪市	深市	沪市	深市	
LR$_{CC}$检验	95%	上	13.070 0	29.883 1	22.409 0	Inf	<5.99
		下	12.931 0	7.421 9	Inf	40.359 6	
	99%	上	0.546 4	0.625 1	15.485 8	31.514 2	
		下	4.433 8	4.980 2	30.134 9	32.837 5	

注：表格中"—"表示无此指标，NaN 表示不定数，Inf 表示无穷大。

分析表 7.2 数据：

（1）根据失效率检验结果

1）在较低的置信水平 95% 下。POT 模型在估计沪深序列 $\{R_t\}$ 时最有效，例外数目基本接近理论检验值；正态分布 VaR 模型估计效果次之，但其存在高估的问题，致使例外数目较明显少于理论检验值；除串后的 POT 模型的有效性居第三位，但与正态分布 VaR 明显不同的是其低估了尾部风险，导致例外数目明显多于理论经验值；BMM 模型处在最后的位置上，其对尾部风险的低估程度更大于除串后的 POT 模型，例外数显著超过了理论经验值。

2）在较高的置信水平 99% 下。模型的有效性从高往低排序依次是：POT 模型、BMM 模型、正态分布 VaR 模型及除串后的 POT 模型。与 95% 置信水平下不同的是，BMM 模型要优于正态分布 VaR 模型，而四个模型均出现低估尾部风险的倾向。

（2）根据 Kupiec 似然比检验

1）在较低的置信水平 95% 下。只有 POT 模型的 LR$_{UC}$值小于检验临界值 3.84，而且沪深序列 $\{R_t\}$ 上、下各尾部的 LR$_{UC}$均非常地小，这表明 POT 模型具有非常优良的测度效力；正态分布 VaR 模型只是在测度深序列 $\{R_t\}$ 下尾极端风险时通过了 Kupiec 似然比检验，其他情况下则是失效的；至于 BMM 模型和除串后的 POT 模型不但 LR$_{UC}$统计量都远远大于临界值 3.84，甚至出现了无穷大（Inf）或不定数（NaN），模型基本上是失效的。

2）在较高的置信水平 99% 下。同较低的置信水平 95% 下，POT 模型依然是唯一有效的，具有显著的效力。但不同的是，此时 BMM 模型在对沪深序列

$\{R_t\}$ 的上尾部的测度通过了检验；正态分布 VaR 模型则在深序列 $\{R_t\}$ 上尾部的测度中通过检验；除串后的 POT 模型未通过验证。

（3）根据 Christofferson 有条件覆盖模型检验

1）在较低的置信水平 95% 下。POT 模型、BMM 模型、正态分布 VaR 模型及除串后的 POT 模型都没有通过模型验证，各模型的 LR_{CC} 统计量都显著大于临界值 5.99，甚至有不定数（NaN）或无穷大（Inf）情况出现，但从 LR_{CC} 统计量大小来看，POT 模型则是接近有效的模型。

2）在较高的置信水平 99% 下。POT 模型通过了验证，其测度沪深序列 $\{R_t\}$ 上、下尾部各极端风险时，所有的 LR_{CC} 统计量均小于临界值 5.99，意味模型的选定适宜；但除串后的 POT 模型却未通过验证；而 BMM 模型只是在测度沪深序列 $\{R_t\}$ 上尾部极端风险时有效；正态分布 VaR 模型则只有效于深 $\{R_t\}$ 序列上尾部风险测度。

在以上模型有效性验证分析中需要注意的一个问题是，当模型未能通过某一检验方法时，并不能肯定就是模型本身存在的问题引起的，也可能是由于所拟合的数据结构或验证方法本身的原因。

例如，BMM 模型采取区间取极值的方法，很可能造成一些有价值的数据信息遗漏，这是模型构造本身影响了测度精度。数据结构各异也是影响模型有效性的主要因素之一，从后文的分析中可看出，涨跌停板制度下，沪深序列 $\{R_t\}$ 的极值数据分布改变对模型测度效力的影响。至于模型验证方法其本身也是一种模型，也存在本身的问题及适用性，如 Kupiec 的检验仅仅简单地考察了超出值的个数，并没有考虑超出值序列的性质，其方法忽略了数据的时间变化，其他一些模型验证方法的优缺点在本章前文中也进行了较详细的阐述。

所以，在对 BMM 模型、POT 模型、正态分布 VaR 模型及除串后的 POT 模型回测分析时，并不能根据某一单一的验证标准对模型做出肯定或否定的判断，而应在综合其他方法验证结果并考虑其他有关因素的基础上再进行断定，如根据表 7.2 各模型的验证结果，各模型虽然超过了验证标准的临界值，但却可按照各模型验证结果接近这个临界值的程度，比较分析各模型的有效性。

综合以上分析，可得出以下三个主要结论：

1）在较高置信水平99%下，对沪深序列 $\{R_t\}$ 尾部极端风险的估计，正态分布 VaR 模型计算结果与理论预期相差较大，极值模型估计结果更接近理论预期，尤其是 POT 模型有效性非常显著，甚至在考虑超出值序列时间易变性情况下，POT 模型仍然具有良好的估计效力，其两个指标 VaR^{POT}、$CVaR^{POT}$ 都较真实地反映了沪深序列 $\{R_t\}$ 尾部极端风险和"杠杆效应"。

2）在较低置信水平95%下，POT 模型仍然是最适宜的模型，具有较高的估计精度，而正态分布 VaR 模型的有效性却超过了极值 BMM 模型，并且 BMM 模型低估了沪深序列 $\{R_t\}$ 尾部极端风险，而与之相反，正态分布 VaR 模型则高估了沪深序列 $\{R_t\}$ 尾部极端风险。此结论解决不但解决了5.5节中第二和第三个判断中存在的歧义，并为沪深序列 $\{R_t\}$ 存在显著的"杠杆效应"提供了有力证据。表5.2中置信水平99%下的 VaR^{POT}、$CVaR^{POT}$ 指标均表明存在显著"杠杆效应"，而置信水平95%下的 VaR、CVaR 却表现出反向"杠杆效应"。表7.2则显示在置信水平99%下，POT 模型在尾部对正态分布 VaR 模型的纠偏效果更显著，沪市下尾异常点从50个减少为32个，上尾则从41个减少到27个；深市异常点则分别从52个减少到34个，从35个减少到28个，而这正是由下尾部极值数据更具异质性所造成的。此时，指标 $CVaR^{POT}$ 比 VaR^{POT} 更真实地反映了极端风险中的"杠杆效应"。

3）不论是在较高置信水平99%下，还是在较低置信水平95%下，除串后的 POT 模型的有效性不但不及除串前的 POT 模型，总体上也不及 BMM 模型与正态分布 VaR 模型有效。

以上三个结论中，第一项结论符合目前有关研究的普遍结论，但第二项与第三项结论却与现阶段极值理论的一般结论是相反的。

在极值模型与正态分布 VaR 模型比较中，极值理论有关研究的一般认为，越高置信水平下极值模型越能捕捉到分布的厚尾特性，较低置信水平下效力尚不及正态分布 VaR 模型，如 Duffee（1999）应用极值理论对巴西、韩国、中国香港、中国台湾、阿根廷等一些世界新兴金融市场进行了研究，并将研究结果与具有正态分布或学生 t 分布的方差—协方差方法、历史模拟法及 GARCH 模型法进行了比较，结果表明基于极值理论（EVT）的 GPD 方法在99%或者更高分位数上具有较优的表现。但本节结论却是在较低置信水平下，正态分布 VaR 模型非但没有低估反而存在高估的假象，POT 模型依然比正态分布 VaR 模型更有效。

POT 模型与除串后 POT 模型有效性比较的结果也不同于极值理论中有关的普遍结论。一般认为，在高频时间序列中由于相关性的存在，序列表现出集聚现象，这种数据之间相关性的影响可能导致估计结果虚高，利用除串减消相关性后再利用 POT 模型估计可提高估计的精确度，串数 r 选择越大时，极值数据越接近独立分布，估计结果也就相应降低，如在沪序列 $\{R_t\}$ 上尾部估计中取 $r = 7$ 时，则极值指标为 0.5890，95% 与 99% 置信水平下的 VaR^{POT} 分别为 2.1398、3.1891，小于 $r = 4$ 时的相应值 2.5655、3.5651。然而，本节关于沪深序列 $\{R_t\}$ 尾部极端风险的实证结果却表明 POT 模型除串后有效性尚不及除串前。

7.4.2　沪深股市极值风险模型回测分析

对于以上与一般认识不同的结论，本节进行了进一步分析，认为这主要是由于沪深股市实施的涨跌停板制度约束了极值数据的分布状态而造成的。

以下是涨跌停板制度前后的沪深序列 $\{R_t\}$ 四分位图（box plots）图 7.1 与图 7.2，据此可分析涨跌停板制度对沪深序列 $\{R_t\}$ 尾部极值数据分布状态

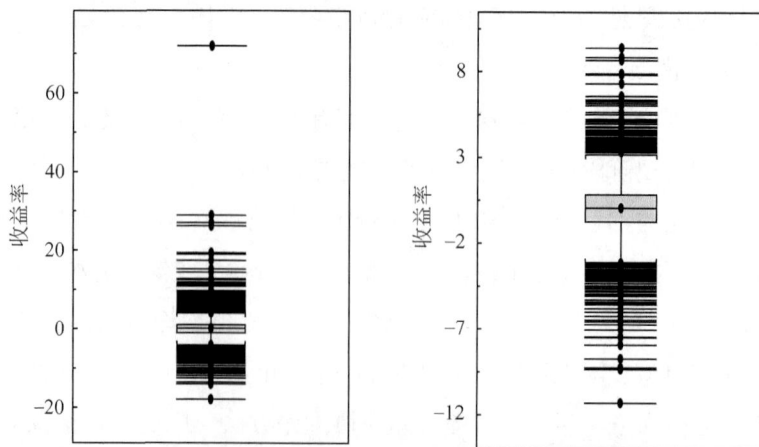

图 7.1　涨跌停板制度前、后沪 $\{R_t\}$ 序列四分位图

的影响。之所以选择分位数形式，主要是因为平均数、最大值和最小值等统计量容易受到极端数据的影响，而分位数则相对比较稳定。

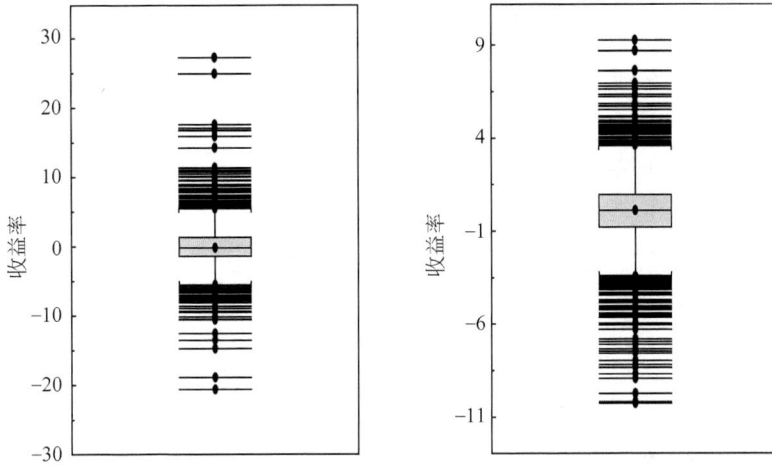

图 7.2　涨跌停板制度前、后深 $\{R_t\}$ 序列四分位图

涨跌停板制度前后沪深序列 $\{R_t\}$ 的四分位图数据及其他统计特征值如表 7.3 所示。

表 7.3　涨跌停板制度前后沪深 $\{R_t\}$ 序列四分位图数据及统计特征值

	沪市		深市	
	前	后	前	后
	四分位图数据			
数据个数 t	1 562	2 711	1 437	2 699
极大值	71. 915 2	9. 401 4	27. 221 0	9. 243 8
极小值	− 17. 905 1	− 11. 303 7	− 20. 601 9	− 10. 262 9
全距	89. 820 3	20. 705 1	47. 822 9	19. 506 7
中位数	0. 099 4	0. 058 1	− 0. 159 9	0. 111 0
上四分位数	0. 996 3	0. 844 7	1. 340 7	0. 955 5
下四分位数	− 1. 071 9	− 0. 743 3	− 1. 403 4	− 0. 792 4
四分位距	2. 068 2	1. 588 0	2. 750 1	1. 747 9

续表

	沪市		深市	
	前	后	前	后
	统计特征值			
均值	0.145 2	0.055 0	0.082 5	0.050 8
标准差	3.818 7	1.617 0	3.277 4	1.724 9
偏度	5.222 3	-0.312 2	0.904 4	-0.451 9
峰度	91.144 4	8.595 0	13.505 7	7.702 7
JB 值	500 929.8	3 580.0	6 804.3	2 578.9

注：全距为极大值与极小值间距；四分位距为上、下四分位数间距。

结合图 7.1、图 7.2 与表 7.3 的有关数据分析，可以看出：

（1）涨跌停板制度刚性地约束了股市的涨跌幅度与波动振荡性

观察四分位数，涨跌停板制度前沪深序列 $\{R_t\}$ 涨跌幅度都较大，尤其是沪序列 $\{R_t\}$ 的上涨幅度极端值远远大于深市，而下跌幅度却稍微小于深市。这表明在 1997 年 1 月 2 日前，沪序列 $\{R_t\}$ 的极端收益要远远大于深市，但极端风险却小于损失，而实施涨跌停板制度后，沪深序列 $\{R_t\}$ 的极端风险均受限于规定以内（数据中出现大于 10% 的情况是因为新股发行及复盘时不受 10% 涨跌幅限制）。观察涨跌停板制度实施前后沪深序列 $\{R_t\}$ 的统计特征值可看出，涨跌停板制度前沪深序列 $\{R_t\}$ 的波动性是非常剧烈的，涨跌停板制度后虽然还呈现出波动较大的现象，但相对限制前则大幅度地缩小了。

（2）涨跌停板制度影响了股市收益率的分布，尤其是尾部极值数据

观测统计特征值，涨跌停板制度前后偏度（skewness）、峰度（kurtosis）及 JB（jarque-bera）统计量均表明沪深序列 $\{R_t\}$ 均为偏态分布，但涨跌停板制度后，尖峰厚尾的统计现象急剧下降，而且，涨跌停板制度前沪深序列 $\{R_t\}$ 为右偏分布，涨跌停板制度后则呈左偏分布。

观测四分位数，涨跌停板制度前沪序列 $\{R_t\}$ 上四分位数的收益率数据散布幅度较大，而下四分位数收益率数据则较为集中，深序列 $\{R_t\}$ 虽然也表现出了这样的现象，但下四分位数收益率数据却较沪市相对分散些。实施涨跌停

板制度后，沪深序列 $\{R_t\}$ 上下尾部收益率数据均受限在 ±10% 的空间分布，但上下尾部靠近限制线的数据量显著增多。这表明在涨跌停板制度下，许多极值数据的异质性受到了显著的抑制，呈现出向涨跌停板制度水平靠近分布的性质，与涨跌停板实施前沪深序列 $\{R_t\}$ 的尾部分布相比较，厚尾的分界线显著向内移动。

这里需要解释的是，本节所提到的涨跌停板制度对沪深股市序列 $\{R_t\}$ 的影响，只是说明涨跌停板制度对沪深序列 $\{R_t\}$ 的数据的分布造成的影响，尤其是尾部数据的分布状态影响。至于影响股市收益率的因素有许多，如经济、政策及企业经营状态等因素，而涨跌停板制度只是影响股市每日收益率涨跌幅的外在因素之一，譬如以上分析 2）中的涨停实施前后，沪深 $\{R_t\}$ 序列分别为右偏与左偏分布，这种偏态分布的变化应是由证券市场本身及其他有关因素决定的，而涨跌停板制度只是这许多的因素之一。另外，至于涨跌停板制度是否达到了证监会预定的目的，这也不是本节所要研究的内容。

综上分析，本节认为涨跌停板制度使沪深序列 $\{R_t\}$ 极值数据的异质性一定程度被弱化，出现"极值不极"现象，许多极值数据出现向内收敛的性质，致使厚尾分界线向较涨跌停板实施前显著内移动，从而扩大了 POT 模型适用的置信水平区间。另外，我国证券（资本）市场还未对国外完全开放，处于与世界其他国家隔绝的状态，经济转型期中的各种问题也对其产生了较大的波动影响。同时，市场发育的不成熟性，市场机制的不规范性及投机性也一直充斥着证券市场，导致市场巨幅动荡，极大地影响了市场极值数据的分布结构。

以上分析也符合行为金融学有关理论，以下从涨跌停板制度对市场投资者群体行为的影响以及涨跌停板制度下市场投资者的个体心理两方面进一步分析。

从制度约束方面来说，涨跌停板制度作为一种刚性约束严格控制了市场投资者的群体行为，当股市价格波动达到涨停线时，众多看多市场的投资者的投资行为对股市的当前价格已不存在任何影响，而当看空市场的投资者达到一定数量后，其群体行为将导致股价的下跌。同理，股票市场价格波动达到跌停线时，看多与看空市场的投资者的群体行为及影响正好相反。这种对看多与看空市场的投资者群体行为不对称的约束机制，很大程度上削弱了极值事件的极端效应，也导致了更多的极值数据密集地分布在涨跌线附近。

从市场投资者个体心理来说，当股票市场表现良好时，看好下一日行情，势必继续持有，而当股市较低迷时，投资者则想尽快卖出离开市场，这两种情况都导致了股票价格更多地密集分布在涨跌线附近，甚至在股票市场正常波动时期，由于存在信息的不对称以及对未来行情预期的差异性，当股票市场价格接近涨跌停板制度时，市场上也存在着频频的买入与卖出行为。观测我国近些年的股市收盘情况，不论是在股市高涨、低迷或正常时期，均较显著地显示了此类现象。

所以，不论是从涨跌停板制度对市场极端价格的约束机制，还是从涨跌停板制度对市场投资者群体行为的影响或涨跌停板制度下市场投资者的个体心理等方面来分析，涨跌停板制度将极端效应严格约束在涨跌限制幅度内，并导致了极值数据在涨跌线附近的密集分布，从而改变了极值数据的分布结构。从统计意义上来讲，也即是涨跌停板制度导致了整个股票市场极端情况向内收敛，即厚尾分界线内移。

7.5 本章小结

极值理论侧重于尾部估计，本章选择了失效率检验、Kupiec 似然比检验以及 Christofferson 有条件覆盖模型作为回测模型。失效率法简单直观，便于计算和操作，但实际中的小样本局限使得似然函数在正态分布条件下构造的条件很难满足。Kupiec 似然比检验考虑了模型偏差程度，Christofferson 有条件覆盖模型则在其基础上考虑了超出值序列的时间易变性。

VaR 模型、BMM 模型及除串前后的 POT 模型对沪深序列 $\{R_t\}$ 极度量的有效性检验表明：在置信水平 99% 及 95% 下，POT 模型均最有效，而除串后的 POT 模型反而不及除串前；BMM 模型则存在低估问题；而在置信水平 95% 下，指标 $CVaR^{POT}$ 比 VaR^{POT} 更真实地反映了沪深股市中的"杠杆效应"，VaR 模型比 BMM 模型更有效率，但其非但没有低估尾部极端风险，反而存在高估的假象。

　　针对以上与极值理论一般认识不同的结论，本章分析认为，我国股票市场极值数据结构受各种因素影响，本身就具有一定的独特性，而涨跌停板制度更是较大程度地弱化了极值数据异质性，极值数据在涨停线附近密集分布导致了厚尾分界线向内移动，从而影响了极值模型的预测效力。最后，本章根据行为金融学有关理论对研究结论进行了合理解释。

8 结 论

8.1 主要研究结论

笔者研读了大量的极值理论及其在金融风险度量方面应用的文献，发现国外极值理论有关研究虽然已达到一个较高水准，但不论是在理论层面上还是在金融风险领域的应用中，仍然存在若干亟待解决的问题。例如，阈值的确定至今尚未有统一明确的选取方法，而定性的图解法缺乏理论解释支撑；非平稳时间序列尚未建立一般的方法与模型；多维极值的相关性尚未存在有效处置；极值理论对发展中国家及新兴的金融市场研究还较贫乏，而发展中国家及新兴金融市场与美英等成熟的金融市场相比而言，收益序列具有较强的序列相关和条件异方差现象，这也将影响到极值理论对尾部风险的准确测量。

国内关于极值理论的研究还处于起步阶段，尤其缺乏理论研究深度与应用的创新性，基本上只是应用较基础的极值模型在金融领域做些简单的实证工作，而且由于对极值理论掌握的深度还不够，一些研究工作也存在一些瑕疵。

另外，为了防止沪深股市中的暴跌暴涨的行为，证监会规定自 1996 年 12 月 26 日起实施 ±10% 的涨跌停板制度。在这种刚性的涨跌停板制度约束下，沪深股市风险状况必定会出现一些较大程度的变化，尤其这种涨跌停板制度对沪深股市极端风险数据将产生非常大的影响，而极值理论突出之处即在于根据极值数据的异质性进行统计外推断定，那么这种情况下，应用极值理论测度极端风险会有什么变化？效果又会如何？

基于以上问题与思路，本书进行了相关研究并得出了以下几方面主要结论：

1）目前，许多极值理论相关文献存在忽略模型有效性验证环节的不足，单纯地基于模型估计值的大小比较即做出判断，导致了一些错误结论的产生。本书根据极值模型侧重尾部估计的特性，构建了以失效率检验、Kupiec 检验及 Christofferson 有条件覆盖模型检验为主体的极值模型回测技术，规范化并系统化了极值模型在金融风险领域的应用研究，包括了极值模型建模、极值相关性减消处置，以及极值模型的回测技术选择与验证标准等完整过程。

2）在 BMM 模型中，独立同分布的序列按一定标准被划分为若干的子区间，子区间极值一般极限分布与极值序列的极值分布存在一定的逻辑关系。但是目前许多研究混淆了这两者的概念，存在以子区间极值一般极限分布等同极值序列极限分布的问题，导致了估计结果有误。本书充分考虑了子区间极值的一般极限分布与极值序列的极值分布之间存在的这种逻辑关系，推导出了受区间划分影响下的极值序列的极限分布。

而在 POT 模型中，目前选取阈值的主要方法是样本平均超出量函数 $e(u)$ 法，根据平均超出量的线性变化选取适当的阈值。然而，样本平均超出量函数 $e(u)$ 法不但缺乏理论上的支撑，还具有显著的主观性，甚至对一些序列无法适用。基于此，本书引入参数估计量稳定性法作为样本平均超出量函数 $e(u)$ 的辅助手段，利用适当的阈值应使形状参数 ξ 尺度参数 $\beta(u)$ 的估计值保持不变的原则，弥补了样本平均超出量函数 $e(u)$ 法存在的不足。并且针对一些因数据结构导致的图解法失效的问题，本书进一步实现了峰度法对阈值的定量选取，保证了阈值选取的精确性与有效性，并对指数回归模型法、子样本自助法、序贯法等定量方法进行了分析探讨。

3）基于以上研究成果，本书对沪深股市的极端风险进行了测度分析，并研究了涨跌停板制度对沪深股市极端风险的抑制影响，以上理论研究成果的合理性和有效性也在实证中得到了充足的验证，而且实证研究结果还表明不论在置信区间 99% 下置信区间 95% 下，POT 模型均是最有效的，而除串后的 POT 模型的效力反而不及除串前；而在置信水平 95% 下，VaR 模型非但没有低估尾部极端风险，反而存在高估的假象。

针对实证研究结论与普遍认识的不同，本书从涨跌停板制度对极值数据分布结构影响的方面分析了原因。极值理论最突出之处即基于极值数据的异质性进行外推断定，而涨跌停板制度刚性地抑制了极值数据的异质性，极值数据异质性出现了同质化倾向，极值数据分布结构向内收敛，致使厚尾分界线相较涨跌停板实施前显著地向内移动，从而影响了极值模型的有效性。另外，我国证券市场与国外市场的隔绝以及市场的不规范性及投机性也极大地影响了市场极值数据的分布结构。

最后，本书根据行为金融学理论，从涨跌停板制度对市场极端价格的约束机制、涨跌停板制度对市场投资者群体行为的影响以及涨跌停板制度下市场投资者的个体心理等方面进行了合理解释。

8.2 未来研究展望

经过数十年的发展，极值理论已经较为成熟，并在自然科学及社会科学领域得到了广泛的应用，成为研究极值事件及其后果影响的一种重要统计理论与方法，然而，现阶段极值理论仍然存在若干方面的问题亟待进一步研究。

（1）POT 模型中的阈值的确定

极值理论主流 POT 模型的关键环节在于阈值的选取。阈值较高，则超阈值样本数越少，由于参数对较大的观测数据非常敏感，就可能造成参数估计方差增大。反之，若阈值较低，可观测样本数较多，增加了估计精度，但又不符合超出量服从 GPD 分布的要求。样本数目的增加将增强样本的中心分布特征，从而造成参数估计走偏。

目前主要是根据超额平均函数（MFE）、Hill 图及指数 QQ 图选取阈值，这类方法简便直观，但主观性较强。而且，对所谓的"趋于线性"、"尾部相对稳定"也缺乏明确的理论支持，甚至对很多序列无法判断阈值的选取。

近些年来，定量选取阈值成为极值理论研究的重点。这类定量选取法主要是以 Hill 估计为核心的渐近均方误法，包括直接估计渐近均方误法、自助法及序贯法等。这类方法克服了图解法的主观任意性，提高了选取的客观性与有效性，但这些方法在使用过程中不是依概率收敛，很可能造成偏差较大，如自助法等。阈值选取至今尚未形成一个统一有效的方法。如何合理确定阈值,实现对样本的最优分割,以综合偏差与方差间的关系,仍是极值理论研究中亟待解决的难题之一。

另外需要注意的是,阈值选取方法还受到所分析数据序列大小及结构性质的影响,如在本书 5.5 节中,受涨跌停板制度前沪深序数据结构的影响,峰度法所确定的阈值多位于阈值可选范围的顶端部位,意味着此时峰度法阈值选取较高,极值模型估计越接近极值分布,但也造成了估计方差与波动性较大的问题。这也是本书未能采取统一阈值选取方法对比分析极值模型在涨跌停板制度前后沪深股市极端风险度量中效力的原因。如何根据个别数据结构特征选取阈值或根据已有的阈值方法进行选取修正仍然是一个较具挑战的问题。

(2) 对样本数据序列相关性的处理

极值理论要求所处置的样本数据为独立同分布,相对大部分资产收益率序列或是无关或是微弱相关的特性,高频金融时间序列却常常表现出较显著的相关性,存在集聚现象(clustering),如在汇率、资产价格等金融数据中,常常可观测到连续的暴跌或暴涨现象。

虽然 Leadbetter 等(1983)、McNeil(1998)等学者研究得出了金融时间序列若为非独立的但平稳的,极值模型应用仍然成立的结论。然而问题在于,对于平稳序列和独立序列,尽管极限结果是一样的,但是近似分布的精确性却随着序列相关程度的提高而降低。

为了提高估计的精确度,在极值理论中常用除串法(declustering)滤掉具有相关性的样本数据,以得到一个近似独立的超出量集合。但是目前的除串法还没有一个统一的操作标准,经验成分较多,除串处理后还必须对结果进行检验。如何在不消弱估计精确度的条件下进行样本数据相关性的处理也是极值理论面临的一个重要问题。

(3) 对非平稳时间序列的处理

金融时间序列有时是非平稳的,如 GDP、物价指数、股票价格等往往不符合平稳性定义。有的非平稳序列还常呈现出某种趋势,如季节性或周期性等系统性现象。非平稳序列没有不变的中心趋势,不能用时间序列的样本均值和方差推断各时点随机变量的分布特征，经典回归分析的基础和有效性就都遇到了问题。此时，一般的极值建模方法也是不再适用的。

目前，对非平稳时间序列的处理方法是将其转换为平稳性时间序列后再进行操作。虽然 Leadbetter 等（1983），Hüsler（1997）等学者对非平稳时间序列的极值问题做了一些研究，但只是对一些特殊形式的非平稳时间序列。如何建立非平稳时间序列的极值模型，至今还没有一般的方法。

（4）多元极值理论

极值理论在金融领域的应用主要是一维极值模型，但在金融领域，利用产品的相关性构成的资产组合可以达到降低风险的目的，这就涉及多元极值的问题。已有的方法一般利用直接加权法和间接加权法将资产组合情形转为一元情形，再利用一维极值方法估计整个组合的 VaR 值，但这两种方法都没有充分体现金融产品的相关性，很难精确刻画组合的尾部分布。

鉴于 Copula 理论可将随机变量的边缘分布和它们之间的相关结构分开来研究，便于复杂问题的处理，目前将 Copula 理论引入到极值理论中测度多元风险成为研究前沿之一。而且，通过 Copula 函数不仅可以捕捉到变量间非线性、非对称的相关关系，还容易捕捉到变量尾部的相关性的变化。

但是，结合 Copula 理论研究金融市场多元极值风险时仍然存在着以下几个问题：一是多元极值理论方法在应用中一般需要满足多元极值渐近相关的条件，否则可能导致风险的高估，而在实际中极值渐近相关假设并不适合所有的市场；二是金融市场和金融资产间的相关模式比较复杂，而诸多不同类型的 Copula 函数有着不同的特征，可以描述不同的相关模式，如何选择具体的 Copula 函数尚缺统一有效的方法与标准。另外，多元极值理论中的"维数灾"问题也是一个亟待解决的问题，目前的研究基本限于二维极值模型。

参 考 文 献

巴曙松，李胜利 . 2008. 全球性经济金融结构失衡是危机之本 . http：//fzzx. sh. gov. cn/ list. aspx？CID=1883 ［2008-12-20］.

邓兰松，郑丕锷 . 2004. 平稳收益率序列的极值 VaR 研究 . 数量经济技术经济研究，4： 52-57.

菲利普 J. 2005. 风险价值 VaR. 陈跃等译 . 北京：中信出版社 .

封建强 . 2002. 沪深股市收益率风险的极值 VaR 测度研究 . 统计研究，4：34-38.

高松，李琳，史道济 . 2004. 平稳序列的 POT 模型及其在汇率风险价值中的应用 . 系统工 程，22（6）：49-53.

关静，郭惠，葛琳 . 2008. 基于阿基米德 Copula 的投资组合风险分析 . 天津大学学报，7： 884-888.

黄大山，刘明军，卢祖帝 . 2005. 极值风险 E- VaR 及深圳成指实证研究 . 管理评论，6： 16-24.

卢方元 . 2004. 中国股市收益率胖尾性分析 . 系统工程理论方法应用，4：349-352，368.

柳会珍 . 2006. 统计极值理论及其应用研究进展 . 统计与决策，8（1/2）：150-153.

柳会珍，顾岚 . 2006a. 金融市场极端日收益数据的广义 Pareto 分布拟合 . 数理统计与管理， 6：723-728.

柳会珍，顾岚 . 2006b. 股票收益率波动和极值关系研究 . 统计研究，10：68-69.

李悦，程希骏 . 2006. 上证指数和恒生指数的 Copula 尾部相关性分析 . 系统工程，（5）： 88-92.

李若谷，冯春平 . 2008. 美国次贷危机的走向及对中国经济的影响 . 国际经济评论，（2）： 7-11.

李秀敏，史道济 . 2007. 金融市场组合风险的相关性研究 . 系统工程理论与实践，27（2）： 112-117.

马玉林，陈伟忠，施红俊 . 2003. 极值理论在 VaR 中的应用及对沪深股市的实证分析 . 金融数学与研究，6：25-27.

欧阳资生．2006．修正的 Pickands 估计样本点分割的自助估计方法．应用数学学报，29（2）：257-265.

欧阳资生，谢赤．2006．索赔数据的广义 Pareto 分布拟合．系统工程，24（1）：96-101.

欧阳资生．2006．基于指数回归模型的极值指数估计的门限选择．数理统计与管理，25（6）：655-660.

史道济．1993．马尔可夫链的 Fisher 信息阵及参数的最大似然估计．天津大学学报，3：98-105.

史道济．1997．多元极值分布参数的最大似然估计与分布估计．系统科学与数学，17（3）：244-251.

史道济．2003．二元极值分布的一个性质．应用概率统计，（2）：49-54.

史道济．2006．实用极值统计方法．天津：天津科学技术出版社．

邵学清．2003．GPD 分布模型与股票收益率的极值分析．数学的实践与认识，12：31-37.

田宏伟，詹原瑞，邱军．2000．极值理论（EVT）方法用于受险价值（VaR）计算的实证比较与分析．系统工程理论与实践，10：27-35，57.

魏宇．2006．金融市场的收益分布与 EVT 风险测度．数量经济与技术经济研究，4：101-109.

许冰，陈娟．2006．沪深股市大盘收益率分布尾部的实证研究．数学的实践与认识，9：49-54.

叶五一，缪柏其，吴振翔．2006．基于 Copula 方法的条件 VaR 估计．中国科学技术大学学报，9：918-922.

杨旭．2006．多变量极值理论在银行操作风险度量中的应用．数学的实践与认识，12：193-197.

朱国庆，张维．2000．关于上海股市极值收益渐近分布的实证研究．系统工程学报，12：338-343.

朱国庆，张维，张小薇，等．2001．极值理论应用研究进展评析．系统工程学报，16（1）：76-81.

周开国，缪柏其．2002．应用极值理论计算在险价值（VaR）——对恒生指数的实证分析．预测，21（3）：37-41.

周恒志，陈胜源．2004．涨跌幅限制与极值理论在期货保证金设定上之应用，风险管理学报，（2）：207-228.

张尧庭．2002．连接函数（Copula）技术与金融风险分析．统计研究，（4）：48-51.

郑振龙，王保合．2005．基于极值理论的风险价值度量．北京：北京大学出版社．

Acerbi C，Tasche D. 2002. On the coherence of expected shortfall. Journal of Banking and Finance, 26（7）：1487-1503.

Akgiray V. 1998. Distribution properties of Latin American black market exchange rates. Journal of International Money and Finance, 7：37-48.

Amado Peiró. 1999. Skewness in financial returns. Journal of Banking and Finance, 23（6）：847-862.

Artzner P，Delbaen F，Eber J M. 1999. Coherent measures of risk. Mathematical Finance,（9）：203-228.

Azzalini A. 1996. Statistical Inference based on the Likelihood. Chapman and Hall, London.

Badrinath G，Chatterjee S. 1991. A data-analytic look at skewness and elongation in common stock return distributions. Journal of Business and Economic Statistics, 9（2）：223-233.

Balkema A A，Haan L de. 1974. Residual life time at great age. Annals of Probability, 2：792-804.

Basak S，Shapiro A. 2001. Value-at-risk-based risk management：optimal policies and asset prices. Review of Finance, 14：371-405.

Basle Committee on Banking Supervision. 2004. International convergence of capital measurement and capital standards：A revised framework.

Beatriz Vaz de Melo Mendes，Rafael Martins de Souza，2004. Measuing financial risks with Copula. International Review of Financial Analysis, 13，27-45.

Beder T S. 1995. VaR：Seductive but dangerous. Financial analysis Journal,（51）：12-24.

Beirlant J，Dierckx G.，Goegebuer Y，Matthys G.．1999. Tail indexs estimation and an exponential regression model, Extremes, 2：177-200.

Beirlant J，Dierckx G.，Starica C. 2002. On exponential representations of log-spacings of extreme order statistics, Extremes, 5：157-180.

Beirlant J，Goegebeur Y，Teugels J. 2004. Statistics of extrems：Theory and application. Johe Wiley & Sons, Ltd.

Beirlant J，Vynckier P，Teugels J. L. 1996. Tail index estimation, pareto quantile plots, and regression diagnostics. Journal of the American Statistical Association, 91：1659-1667.

Berkowitz J. 2001. Testing density forecasts with applications to risk management. Journal of Business and Economics Statistics, 19: 465-474.

Bermudez P D Z, Turkman M A, Terk-man K F. 2001. A predictive approach to tail probability estimation, Extreme, 4 (4): 295-314.

Bollersler T. 1986. Generalized autoregressive conditional heteroskedasticity. Journal of Econometrics, 31: 307-327.

Bortkiewicz L von. 1922. Variationsbreite und mittlerer Fehler. Sitzungsberichte der Berliner Mathematischen Gesellschaft, 21: 3-11.

Brazauskas V, Serfling G. 2003. Favorable estimations for fitting pareto models: A study using goodness-of-fit measures with actual data. ASTIN Bulletin, 33 (2): 365-381.

Breymann W, Dias A, Embrechts P. 2003. Dependence structure for multivariate high- frequency data in finance. Working paper, Department of Mathematics, ETH Zurich.

Brooks C, Clare A D, Dalle Molle J W. 2005. A comparison of Extreme Value Theory approaches for determing value at risk. Journal of Empirical Finance, 12: 339-352.

Chen X, Fan Y. 2005. Pseudo-likelihood ratio tests for model selection in semiparametric multivariate copula models. Canadian Journal of Statistics, Forthcoming. 33: 389-414.

Choulakian V, Stephens N A. 2001. Goodness- of- fit tests for the generalized pareto distribution. Technometrics, 43 (4): 478-484.

Christoffersen P F. 1998. Evaluting interval forecasts. International economic review, (39): 841-862.

Christoffersen P F, Densis P. 2003. Backtesting Value-at-risk: A duration based approach, Working paper. Http: //www. gloriamundi. org [2008-1-28] .

Christoffersen P, Goncalves S. 2004. Estimation risk in financial risk management, CIRANO Working Paper.

Coles S, Pericchi L. 2003. Anticipating catastrophes through extreme value modelling. Applied Statistics, 52: 405-416.

Coles S, Powell E A. 1996. Bayesian methods in extreme value modeling: A review and new developmental. International Statistical Review, 64: 119-136.

Cragg J G. . 1982. Estimation and testing in time- series regression models with heteroscedastic disturbances. Journal of Econometrics, 20: 135-157.

Crnkovic C, Drachman J. 1997. Quality control. Risk, (9): 138-143.

CsǒrgS S, Deheuvels P, Mason D M. 1985. Kernel estimates of the tail index of a distribution. The Annals of Statistics, 13: 1050-1077.

Danielsson J. 2001. Using a bootstrap method to choose the sample fraction in tail index estimation. Journal of Multivariate Analysis, (76): 226-248.

Danielsson J, de Vries C G. 1997a. Value at risk and extreme returns. London School of Economics, Financial Markets Group Discussion Paper no. 273.

Danielsson J, de Vries C G. 1997b. Beyond the sample: Extreme quantile and probability estimation. Technical report, Tinbergen Institute, Rotterdam.

Danielsson J, de Vries C G. 1997c. Tail index and quantile estimation with very high frequency data. Journal of Empirical Finance, (4): 1-257.

Danielsson J. 1997a. Beyond the sample: extreme quantile and probability estimation. Tinbergen Institute Rotterdam, working paper, URL: www. hag. hi. is/jond/ [2007-10-18].

Danielsson J. 1997b. Value-at-risk and extreme returns. Tinbergen Institute Rotterdam, working paper, URL: www. hag. hi. is/jond/ [2007-10-20].

Deheuvels P, Hǎusler E, Mason D M. 1988. Almost sure convergence of the Hill estimator. Mathematical Proceedings of the Cambridge Philosophical Society, 104, 371-381.

Dekkers A, Einmahl J, de Haan L A. 1989. Moment estimator for the index of an extreme value distribution. The Annals of Statistics, 17 (4): 1833-1899.

Diebold F X. , Gaunther T A, Tay A S. 1998. Evaluating density forecasts with applications to financial risk management. International Economic Review, (39): 863-883.

Dress H, Kaufmann E. 1998. Selecting the optimal sample fraction in univariate extreme value estimation. Stochastic Processes and their Applications, (75): 149-172.

Duffee G. 1999. Estimating the price of default risk. Review of Financial Studies, 12 (1): 197-226.

DuMouchel W H. 1975. Stable distribution in statistical inference: 2 Information from stably distributed samples. Journal of the American Statistical Association, 70: 386-393.

DuMouchel W H. 1983. Estimating the stable indexαin Order to Measure Tail Thickness: A critique. Annals of Statistics, 11: 1019-1031.

Efron B. 1979. Bootstrap methods: another look at the jackknife. Annals of Statistics, 7: 24.

Embrechts P, Kluppelberg C, Mikosch T. 1997. Modelling extremal events for insurance and finance. Berlin: Springer-Verlag.

Embrechts P, Mcneil A, Straumann D. 1999. Correlation: pitfalls and alternatives. Risk, 12 (5): 11-21.

Engle R E. 1982. Autoregressive conditional heteroscedasticty with estimatea of the variance of U. K. inflation. Econometrica, 50: 978-1008.

Engle R F, Lilien Robins R P. 1987. Estimating time varying risk premia in the term structure: The ARCH-M model. Ecomometrica, 55: 391-407.

Felipe A, Javier E. 1997. Empirical distributions of stock returns 1, Scandinavian Securities Markets 1990 ~ 1995. Carlos III University.

Ferreira A. 2002. Optimal asymptotic esrimation of small exceedance probabilities. Journal of Statistical Planning and Inference, 104: 83-102.

Finkelstadt B, Rootzen H. 2003. Extreme values in finance, telecommunications and the enviroment, Florida: Chapman and Hall/CRC Press.

Fisher I. 1933. The debt-deflation theory of great depressions. Econometrica, 1 (4): 337-357.

Fisher R A. 1922. On the mathematical foundations of theoretical statistics. Mathematical Physical and Engineering Sciences, 222: 309-368.

Fisher R A, Tippett L H C. 1928. Limiting forms of the frequency distribution of the largest or smallest member of a sample. Proceedings of Cambridge Philosophical society, Cambridge University Press, 24: 180-190.

Fortin I, Kuzmics C. 2002. Tail dependence in stock return pairs. International Journal of Intelligent Systems in Accounting, Finance & Management, 11, 89-107.

Fréchet M. 1927. Sur la loi de probabilité de l'écart maximum. Ann. Soc. Polon. Math. Cracovie, 6: 93-116.

Galambos J. 1987. The asymptotic theory of extreme order statistics, 2nd editon. Florida: Krieger.

Gallant A R, Tauchen G. 1989. Seminon-Parametric estimation of conditionally constrained heterogeneous processes: Asset pricing applications. Econometrica. 575: 1091-1120.

Gencay R, Selcuk F. 2000. Extreme Value Theory and Value-at-Risk: Relative performance in emerging markets. Studies in Nonlinear Dynamics and Econometrics, 24: 150-189.

Gencay R, Selcuk F, 2001. Overnight borrowing, interest rates and Extreme Value Theory. Working Papers #0103, Department of Economics, Bilkent University.

Gencay R, Seluck F, Ulugŭlyag A. 2003. High volatility, thick tails and Extreme Value Theory in Value-at-Risk estimation. Insurance: Mathematics and Economics, 33 (2): 337-356.

Gencay R, Seluck F, 2004. Extreme Value Theory and Value-at-risk: Relative performance in emerging markets. International Journal of Forecasting, 20: 287-303.

Gendenko B V. 1943. Sur la distribution limite du terme d'une série alèatoire. Annals of Mathematics, 44: 423-453.

Gilli M, Kellezi E. 2003. An application of Extreme Value Theory for measuring risk, Department of Econometrics, University of Geneva and FAME, CH－1211 Geneva 4, Switzerland.

Gomesm I, Oliveira O. 2001. The bootstrap methodology in statistics of extremes-choice of the optimal sample fraction. Extremes, 4 (4): 331-358.

Gray B D. French D. 1990. Empirical comparisons of distributional models for stock index returns. Journal of Business, Finance and Accounting, 17 (3): 451-459.

Guillou A, Hall P. 2001. A diagnostic for selecting the threshold in extreme value analysis, Journal of the Royal Statistical Society: SerB (63): 293-305.

Greenwood J A et al. 1979. Probability-weighted moments: Definition and relation to parameters of distribution expressible in inverse form. Water Resources Research, 15 (5): 1049-1054.

Groeneboom P, Lopuhai H P. 2003. Kernel-type estimators for the extreme value index. The Annals of Statistics, 31: 1956-1995.

Gumbel E J. 1960. Bivariate exponential distribution. Journal of the American Statistical Association, 55: 698-707.

Gumbel E J. 1941. The Period of Flood Flows. Annals of Mathematical Statistics, 1941, 12: 163-190.

Gumbel E J. 1958. Statistics of Extrems. New York: Columbia University Press.

Coles S, Pericchi L. 2003. Anticipating catastrophes through extreme value modeling. Applied Statistics, 52, Part4: 405-416.

Haan L de. 1970. On regular variation and its application to the weak convergence of sample extremes. Amsterdam: CWI Tract 62.

Haan L de. 1971. A form of regular variation and its application to domain of attraction of the double exponential, Z. Wahrsch. Geb. 17: 241-258.

Haan L de, Rootzén K. 1993. On the estimation of high quantiles. Journal of Statistical Planning and

Inference, 35: 1-13.

Hall P G. 1990. Using the bootstrap to estimate mean squared error and select smoothing parameter in nonparametric problems. Journal of Multivariate analysis, 32: 177-203.

Hall P. 1982. On some simple estimates of an exponent of regular variation. Journal of the Royal Statistical Society: SerB, 44: 37-42.

Hall P, Welsh A H. 1985. Adaptive estimate of parameters of regular variation. The Annals of Statistics, 3: 1163-1174.

Hans Byström N E. 2004. Managing extreme risks in tranquil and volatile markets using Conditional Extreme Value Theory. International Review of Financial Analysis, 13 (2): 133-152.

Hendricks D. 1996. Evaluation of value-at-risk models using historical data. Federal Reserve Bank of New York Economic Policy Review, 2 (1): 39-69.

Hill B M. 1975. A simple general approach to inference about the tail of a distribution. The Annals of Statistics, 3 (5): 1163-1174.

Hsing T. 1991. On tail index estimation using dependent data. The Annals of Statistics. 19, 1547-1569.

Hols M C A B, Vries Gde. 1991. The limiting distribution of extreme exchange rates return, Journal of Applied Econometrics, 6: 287-302.

Hosking J R M. 1985. Maximum likelihood estimation of the Parameter for the generalized extreme value distribution. Applied Statistics, 34: 301-310.

Hosking J R M, Wallis J R, Wood E F. 1985. Estimation of the Generalized Extreme value distribution by the Method of Probability Weighted Moment. Technometrics, 27: 251-261.

Hosking J R M, Wallis J R. 1987. Parameter and quantile estimation for the generalize Pareto distribution. Technometrics, 29: 339-349.

Hosking J R M. 1990. L-moments: analysis and estimation of distributions using linear combination of order statistics. Journal of the Royal Statistical Society. Series B. 52 (2): 105-124.

Huisman R, Koedijk K G, Kool C J M. 2001. Tail-index estimates in small samples. Journal of Business & Economic Statistics, 19 (1): 208-216.

Hüsler J. 1986. Extreme values of non-stationary random sequences. Journal of Applied Probability, 23: 937-950.

Hüsler J. 1997. Global warming in relation with the clustering of extreme. Statistical Analysis of Extreme Values. Basel: Birkhäuser.

Jansen D, Vries D C. 1991. On the frequency of large stock perspective. The Review of Economics and Statistics, 5: 18-24.

Jenkinson A F. 1955. The frequency distribution of the annual maximum (or minimum) values of meteorological elements. Quarterly Journal of the Royal Meteorological Society, 81: 158-171.

Joe H S, Robert B, Zachary G S. 2003. Assessing the accuracy of value at risk. Working paper, Http: //www. gloriamundi. org [2008-2-13] .

Jorion P. 2000. Value-at-risk: The new benchmark for controlling financial risk. Chicago: McGraw-Hill.

Kearns P, Paqan A. 1997. Estimating the density tail index for financial time series. The Review of Economics and Statistics, 171-175.

Koedijk K G. 1992. The estimation of East European exchange rates. Journal of Business and Statistics, 10: 83-89.

Koedij K G. , Schafgans M A, De Vries C G. 1990. The tail index of exchange rate returns. Journal of International Economics, 29 (1/2): 93-108.

Kon S. 1984. Models of stock returnsa comparison. Journal of Finance, 39 (1): 147-165.

Kregel J A. 1997. Margins of safety and weight of the argument in generating financial fragility. Journal of Economics Issues, 31: 543-548.

Kupiec P H. 1995. Techniques for verfying the accuracy of risk measurement methods. Journal of Derivatives, 3 (2): 73-84.

Leadbetter M R, Lindgren G, Rootzen H. 1983. Extremes and related properties of random sequences and series. New York: Springer Verlag.

Lee T H, Saltoglu B. 2002, Assessing the risk forecasts for Japan. Japan and the World Economy, 14 (1): 63-87.

Longin F M. 1996. The asymptotic distribution of extreme stock marker return. Journal of Business, 69 (3): 383-408.

Longin F M. 2000. From value at risk to stress testing: The extreme value approach. Journal of Banking and Finance, 24: 1097-1130.

Longin F M. 2005. The choice of the distribution of asset returns: How Extreme Value Theory can help? Banking and Finance, 29: 1017-1035.

Lopez J A. 1998. Methods for evaluating value at risk estimates. Federal Reserve Bank of SanFrancisco EconomicReview, (1): 3-15.

Lopez J A. 1999. Regulatory evaluating of Value at risk models. Jouranl of Risk, (1): 37-64.

Markowitz H. The rand corporation, portfolio selection. The Journal of Finance, 1952, 7 (1): 77-92.

Mason D M, Turova T S. 1994. Weak convergence of the Hill estimator process//Galambos J, Lechmer J, Simiu E. Extreme value Theory and Applications. Kluwer Academic Publishers.

Mason D M. 1982. Laws of large numbers for sums of extreme values. The Annals of Probability, 10: 756-764.

Matthys G, Beirlant J. 2003. Adaptive threshold selection in tail index estimation. Extremes and Integrated Risk Management, London: 37-49.

Mattys G, Beirlant J. 2000. Adaptive threshold selection in the tail index estimation. In: Embrechts P. Extremes and Integrated Risk Management. London: Risk Book.

Matthys G, Beirlant J. 2003. Estimating the extreme value index and high quantiles with exponential regression models. Statistica Sinica, 13: 853-880.

Mckay R, Keefer T E. 1996. VaR is a dangerous technique. Corporate Finance, Searching for Systems Integration Supplement. September.

McNeil A J, Frey R. 2000. Estimation of tail-related risk measure for heteroscedastic financial time series: An extreme value approach. Journal of Empirical Finance, 7: 271-300.

McNeil A J. 1999. Extreme value for risk managers. ETH Zurich Department of Mathematics, preprint.

McNeil A J. 1998. Calculating quantile risk measures for financial time series using Extreme Value Theory. ASTIN Bulletin, 27 (1): 117-137.

Mcneil A J, Frey R. 1998. Estimation of financial time series: an extreme value approach. Journal of Empirical Finance, (7): 271-300.

McNeil A, Frey R, Embrechts P. 2005. Quantitative Risk Management: Concepts, Techniques and Tools. Princeton: Princeton University Press.

Minsky H P. 1982. The Financial Instability Hypothesis: Capitalist Processes and the Behavior of The Economy//Charles P Kindle, Jean-Pierre L. Financial Crises: Theory, History, and Policy. Cambridge: Cambridge University press.

Mises R Von. 1936. La distribution de la plus grande de n valeurs. Rev. Math. Union Interbalk, 1: 141-160.

Mises R Von. 1954. La Distribution de la Plus Grande de n Valeurs. Selected Papers. Providence: American Math Soc.

Neftci S N. 2000. Value at risk calculations, extreme events, and tail estimation. Journal of Derivatives, 8: 1-15.

Nelson D. 1990. Conditional heteroskedasticity in asset returns: a new approach. Econometrica, 59: 347-370.

Pan Jiazhu, Cheng Shihong. 2000. Asymptotic expansion for distribution function of moment estimator for the Exterme Value Index. Science in China, 43 (11): 1131-1143.

Pan J Z, Yu B W T, Pang W K. 2004. How does innovation's tail risk determine marginal tail risk of a stationary fimancial time series? Science in China, 47 (3): 321-338.

Patton A. 2003a. Modelling asymmetric exchange rate dependence. Working paper, University of California, San Diego.

Patton A. 2003b. Estimation of multivariate models for time series of possibly different lengths. Working paper, University of California at San Diego.

Pereira T T. 1993. Second order Behavior of Domains of Attraction and the Bias of Generalized Pickands Estimator. //Lech- ner J Extreme Value Theory and Applications Ⅲ. Proc Gaithersburg Conference (NIST special publ).

Philippe J B, Pottes M. 2000. Theory of financial risks: From statistical physics to risk mangement. Cambridge University Press.

Pickands J. 1975. Statistical inference using extreme order statistics. The Annals of Statistics. 3: 119-131.

Patie P. 2000. Estimation of value at risk using Extreme Value Theory, http: //www. math. ethz. ch/ ~ patie/VaREvT. pdf [2008-6-5].

Poon S, Rockinger M, Tawn J A. 2003. Modelling extreme value dependence in international stock matkets. Statistical Sinica, 13: 929-953.

Rao C R. 1973. Linear statistical inference and its applications. 2th Edition. New York: John Wiley.

Reiss R D, Thomas M. 2001. Statistical analysis of extreme values from insurance, finance, hydrology and other fields. Basel: Birdhouse Verlag.

Resnick S I. 1987. Extreme Values, Regular Variation and Point Processes. New York: Springer.

Resnick S I. 1997. Heavy tail modeling and teletraffic data. The Annals of Statistics, 25 (5): 1805-1869.

Resnick S, Catalin S. 1998. Smoothing the moment estimator of the extreme value parameter. Extremes, 1 (3): 263-293.

Resnick S, Starica C. 1995. Consistency of Hill's estimator for dependent data. Journal of Applied Probability. 32: 239-267.

Rob W J, van den Goorbergh, Christian Genes, Bas J M. Werker. 2005. Bivariate option pricing using dynamic copula models. Insurance: Mathematics and Economics, 37: 101-114.

Rockafeller T, Uryasev S. 2000. Optimization of conditional value-at-risk. Journal of Risk, 2 (3): 21-24.

Romano R. 2002. Calibrating and simulating copula functions: An application to the Italian stock market, Working Paper.

Ruey S T. 2002. Analysis of Financial Time Series. John Wiley & Sons, Inc.

Segers J. 2004. Non-parametric inference for bivariate extreme-value copula, Tiburg University, Working Paper.

Sklar A. 1959. Fonctions de repartition a'n dimensions et leurs marges. Publications de l'Institut de Statistique de l'Universite'de Paris, 8: 229-231.

Smith R L. 1987. Estimating tails of probability distributions. Annals of Statistics, 15: 174-1207.

Smith R L. 1985. Maximun likelihood estimation in a class of non-regular cases. Biometrika, 72: 67-90.

Smith R L. 1984. Threshold methods for sample extreme, In: Tiago Olivera J. Statistical Extremes and Applications. Dordrecht: Reidel.

Smith R L. 1989. Extreme value analysis of environmental time series: An example based on ozone data (with discussion) . Statistical Science, 4: 367-393.

Smith R L, Tawn J A, Coles S G. 1997. Markov chain models for threshold exceedances. Biometrika, 84: 249-268.

Stelios D, Dimitris A. Georgoutsos. 2005. Estimation of Value-at-Risk by extreme value and conventional methods: A compariative evaluation of their predictive performance. International Financial Markets, Institutions and Money, 15: 209-228.

Stiglitz J E. 2007. Houses of Cards. Http：//economistsview. typepad. com/economistsview/2007/ 10/josph-stiglitz. html ［2008-2-22］.

Stiglitz J E, Weiss A. 1981. Credit rationing in markets with imperfect information. American Economic Review, 71 (3): 393-410.

Tae-Hwy Lee, Saltoglu B. 2002. Assessing the risk forecasts for Japanese stock market. Japan and the World Economy, 14 (1): 63-85.

Tavakoli J M. 2001. Credit Derivatives & Synthetic Structure: A Guide to Instruments and Application. second edition. John Wiley and Sons.

Tippet L H C. 1925. On the extreme individuals and the range of samples taken from a normal population. Biometrika, 17: 364-387.

Weibull W. 1939. A statistical theory of the strength of materials. Ing. Vet. Ak. Handl, 151.

Weibull W. 1951 A statistical distribution function of wide applicability. Journal of Applied Mechanics, 18: 293.

Williamson J, Mahar M. 1998. A Survey of Financial Liberalization. Essays in International Finance, Princeton: Princeton University.

Yun S. 2000. A class of pickands-typs estimatiors for the Extreme Value Index. Journal of Statistical Planning and Inference, 81 (1): 113-124.

附录 A1　涨跌停板制度后沪深序列 $\{R_t\}$
上、下尾部历史重现水平表

日期	序号	历史记录	重现期	期望	标准误差
沪上尾部					
01/02/1997	1	0. 263 6	1	1. 000 0	0. 000 0
01/07/1997	2	2. 443 4	4	2. 083 3	0. 812 2
02/19/1997	3	7. 308 7	25	3. 816 0	1. 486 7
02/14/2000	4	8. 665 6	748	7. 195 3	2. 356 2
10/23/2001	5	9. 401 4	116 3	7. 636 4	2. 447 9
沪下尾部					
01/02/1997	1	− 0. 263 6	1	1. 000 0	0. 000 0
01/03/1997	2	2. 179 3	2	1. 500 0	0. 500 0
01/06/1997	3	2. 603 6	3	1. 833 3	0. 687 2
02/18/1997	4	9. 335 4	24	3. 776 0	1. 473 7
06/04/2007	5	11. 303 7	252 4	8. 411 0	2. 601 2
深上尾部					
01/02/1997	1	2. 053 1	1	1. 000 0	0. 000 0
01/07/1997	2	4. 257 3	4	2. 083 3	0. 812 2
02/19/1997	3	5. 745 6	25	3. 816 0	1. 486 7
06/20/1997	4	6. 345 0	110	5. 282 2	1. 909 5
06/28/1999	5	6. 631 6	601	6. 976 6	2. 309 4
07/20/1999	6	6. 791 8	617	7. 002 9	2. 315 1
02/14/2000	7	8. 682 7	748	7. 195 3	2. 356 2
10/23/2001	8	9. 243 8	115 8	7. 632 1	2. 447 0
深下尾部					
01/02/1997	1	− 2. 053 1	1	1. 000 0	0. 000 0
01/03/1997	2	2. 561 5	2	1. 500 0	0. 500 0
01/06/1997	3	6. 298 4	3	1. 833 3	0. 687 2
02/18/1997	4	10. 262 9	24	3. 776 0	1. 473 7

附录 A2 涨跌停板制度后沪深序列 $\{R_t\}$ 上、下尾部重现水平预测表

(单位:%)

		沪		深	
		极端收益率	极端损失率	极端收益率	极端损失率
返回期：2 年					
重现水平		6.060 3	6.135 0	5.989 4	6.719 7
置信区间	上限	7.604 5	7.603 1	7.379 7	8.399 7
	下限	5.181 6	5.236 7	5.176 5	5.735 8
返回期：3 年					
重现水平		6.939 5	7.049 4	6.794 1	7.723 2
置信区间	上限	9.108 1	9.082 8	8.721 3	10.062 5
	下限	5.794 5	5.886 2	5.741 0	6.448 9
返回期：4 年					
重现水平		7.618 4	7.756 3	7.407 6	8.499 6
置信区间	上限	10.359 2	10.254 8	9.793 8	11.401 9
	下限	6.237 5	6.399 0	6.185 3	6.959 0
返回期：5 年					
重现水平		8.179 6	8.341 3	7.909 9	9.142 2
置信区间	上限	11.438 7	11.304 7	10.707 2	12.570 6
	下限	6.611 8	6.732 6	6.525 6	7.379 1

附录 A3　峰度法程序

```
% xls 数据必须是一列!
format long;
[filename, filepath] = uigetfile ('*.xls');
file = [filepath, filename];
data = xlsread (file);
origin_data = data;% 保留原式数据
result = zeros (1, 0);% 删除的数据都保留在这里, 初始化为空数组
count = 0;                % 删除的数据个数
[rows cols] = size (data);
data_mean = mean (data);% 均值
data_kurtosis = kurtosis (data);% 峰度
result_kurtosis = 0;% 最后保留的数据的峰度
while (data_kurtosis >= 3)
    data_sub = abs (data-data_mean);
    max_ele = max (data_sub);% 找到最大数据
    cur_pos = find (data_sub == max_ele);% 最大数据的位置
    junk_data = abs (origin_data-data_mean);
    index_pos = find (junk_data == max_ele);% 找到最大数据在原始
数据中的位置
    deleted_data = origin_data (index_pos, 1);% 原始数据中被删除的
数据
    count = count + 1;
    result (1, count) = deleted_data;% 保存这个被删除的数据到结果
中去
    % 以下 3 句用来缩短数组 (删除了一个数据而已)
```

```
    tmp_ data = zeros (rows-1, 1);
    tmp_ data (1: cur_ pos-1, 1) = data (1: cur_ pos-1, 1);
    tmp_ data (cur_ pos: rows-1, 1) = data (cur_ pos +1: rows, 1);
      data = tmp_ data;      %重新赋给 data，进行下一个循环
     [rows cols] = size (data);
    data_ mean = mean (data);              %均值
    data_ kurtosis = kurtosis (data);%峰度
      result_ kurtosis = data_ kurtosis;
end
%输出
disp ('被删除的数据的总数:');
count
disp ('留下来的样本中最大的数据:');
max (data)
disp ('被删除的数据，按从小到大排列，如下:');
sort (result) %从小到大排列
disp ('被删除的数据在原数据中的位置，如下:');
positions = zeros (1, 0);
len = length (result);
for i =1: len
    positions (1, i) = find (origin_ data = = result (1, i));
end
positions
disp ('最后保留的数据的峰度，如下:');
result_ kurtosis
```

附录 A4　除串法程序

```
u = 2.3;
r = 8;
load 12. mat          % 文件名
data = data1';% data1:                 变量名
cluster_ num = 0;
cluster_ loc = [ ];
[row, data_ num] = size (data)
for i = 1: data_ num-r
    if data (i) > u
        cluster_ flag = 1;
        for j = 1: r
            if data (i + j) > u
                cluster_ flag = 0;
                break
            end
        end
        if cluster_ flag = = 1
            cluster_ num = cluster_ num + 1;
            cluster_ loc (cluster_ num) = i;
        end
        i = i + j-1;
    end
end
cluster_ num
cluster_ loc
```